折射集
prisma

照亮存在之遮蔽

Figures de l'altérité
Jean Baudrillard
Marc Guillaume

当代激进思想家译丛
● 丛书主编 张一兵

他异性的形象

[法]让·鲍德里亚 [法]马克·纪尧姆 著 鲍锡静 苏振源 译

南京大学出版社

激进思想天空中不屈的天堂鸟

——写在"当代激进思想家译丛"出版之际

张一兵

传说中的天堂鸟有很多版本。辞书上能查到的天堂鸟是鸟也是一种花。据统计,全世界共有40余种天堂鸟花,在巴布亚新几内亚就有30多种。天堂鸟花是一种生有尖尖的利剑状刺的美丽的花。但我更喜欢的传说,还是作为极乐鸟的天堂鸟。天堂鸟在古代阿拉伯传说中是不死之鸟,相传每隔五六百年就会自焚成灰,由灰中获得重生。在自己的内心里,我们在南京大学出版社新近推出的"当代激进思想家译丛"中引介的一批西方激进思想家,正是这种在布尔乔亚世界大获全胜的复杂情势下,仍然坚守在反抗话语生生灭灭不断重生中的学术天堂鸟。

2007年,在我的邀请下,齐泽克第一次成功访问中国。应该说,这也是当代后马克思思潮中的重量级学者第一次在这块东方土地上登场。在南京大学访问的那些天里,除去他的四场学术报告,更多的时间就成了我们相互了解和沟通的过程。一天,他突然很正经地对我说:"张教授,在欧洲最重要的左翼学者中,你还应该关注阿甘本、巴迪欧和朗西埃,他们都是我很好的朋友。"说实话,那也是我第一次听到这些陌生的名字。虽然在2000年,我已经提出"后马克思思潮"这一概念,但还是局限于对国内来说已经比较热的鲍德里亚、德勒兹和后期德里达,当时,齐泽克也就是我最新指认的拉康式的后马克思批判理论的代表。正是由于齐泽克的推荐,促成了2007年南京大学出版社开始购买阿甘本、朗西埃和巴迪欧等人学术论著的版权,这也开辟了我们这一全新的"当代激进思想家译丛"。之所以没有使用"后马克思思潮"这一概念,而是转启"激进思想家"的学术指称,是因为我后来开始关注的一些重要批判理论家并非与马克思的学说有过直接或间接的关联,甚至干脆就是否定马克思的,前者如法国的维利里奥、斯蒂格勒,后者如德国的斯洛特戴克等人。激进话语,可涵盖的内容和外延都更有弹性一些。这一新的研究领域已经开始成为国内西方左翼学术思潮研究新的构式前沿。为此,还真应该谢谢齐泽克。

那么,什么是今天的激进思潮呢?用阿甘本自己的指认,激进话语的本质是要做一个"同时代的人"。有趣的是,这个"同时代的人"与我们国内一些人刻意标举的"马克思是我们的同时代的人"的构境意向正好相反。"同时代就是不合时宜"(巴特语)。不合时宜,即绝不与当下的现实存在同流合污,这种同时代也就是与时代决裂。这表达了一切**激进话语**的本质。为此,阿甘本还专门援引尼采①在1874年出版的《不合时宜的沉思》一书。在这部作品中,尼采自指"这沉思本身就是不合时宜的",他在此书"第二沉思"的开头解释说,"因为它试图将这个时代引以为傲的东西,即这个时代的历史文化,理解为一种疾病、一种无能和一种缺陷,因为我相信,我们都被历史的热病消耗殆尽,我们至少应该意识到这一点"②。将一个时代当下引以为傲的东西视为一种病和缺陷,这需要何等有力的非凡透视感啊!依我之见,这可能也是当代所有激进思想的构序基因。顺着尼采的构境意向,阿甘本主张,一个真正激进的思想家必然会将自己置入一种与当下时代的"断裂和脱节之中"。正是通过这种与常识意识形态的断裂和时代错位,他们才会比其他人更能够感知**乡愁**和把握他们自己时代的本质。③我基本上同意阿甘本的观点。

---

① 尼采(Friedrich Wilhelm Nietzsche,1844—1900):德国著名哲学家。代表作为《悲剧的诞生》(1872)、《查拉图斯特拉如是说》(1883—1885)、《论道德的谱系》(1887)、《偶像的黄昏》(1889)等。

② Friedrich Nietzsche, "On the Uses and Abuses of History to Life", in *Untimely Meditations*, trans. R. J. Hollingdale, Cambridge: Cambridge University Press, 1997, p. 60.

③ [意]阿甘本:《裸体》,黄晓武译,河南大学出版社,2015年,第7页。

阿甘本是我所指认的欧洲后马克思思潮中重要的一员大将。在我看来,阿甘本应该算得上近年来欧洲左翼知识群体中哲学功底比较深厚、观念独特的原创性思想家之一。与巴迪欧基于数学、齐泽克受到拉康哲学的影响不同,阿甘本曾直接受业于海德格尔,因此铸就了良好的哲学存在论构境功底,加之他后来对本雅明、尼采和福柯等思想大家的深入研读,所以他的激进思想往往是以极为深刻的原创性哲学方法论构序思考为基础的。并且,与朗西埃等人1968年之后简单粗暴的"去马克思化"(杰姆逊语)不同,阿甘本并没有简单地否定马克思,反倒力图将马克思的批判精神与当下的时代精神结合起来,以生成对当代资本主义社会存在更为深刻的批判性透视。他关于"9·11"事件之后的美国"紧急状态"(国土安全法)和收容所现象的一些有分量的政治断言,是令西方资本主义国家政要为之恐慌的天机泄露。这也是我最喜欢他的地方。

朗西埃曾经是阿尔都塞的得意门生。1965年,当身为法国巴黎高师哲学教授的阿尔都塞领着整个西方马克思主义科学思潮向着法国科学认识论和语言结构主义迈进的时候,那个著名的《资本论》研究小组中,朗西埃就是重要成员之一。这一点,也与巴迪欧入世时的学徒身份相近。他们和巴里巴尔、马舍雷等人一样,都是阿尔都塞的名著《读〈资本论〉》(*Lire le Capital*,1965)一书的共同撰写者。应该说,朗西埃和巴迪欧二人是阿尔都塞后来最有"出息"的学生。然而，他们的显赫成功倒并非因为他们承袭了老师的道统衣钵，反倒是由于他们在1968年"五月风暴"中的反戈一击式的叛逆。其中，朗西埃是在现实革命运动中通过接触劳动者，以完全相反的感性现实回归远离了阿尔都塞。

法国的斯蒂格勒、维利里奥和德国的斯洛特戴克三人都算不上是后马克思思潮的人物，他们天生与马克思主义不亲，甚至在一定的意义上还抱有敌意（比如，斯洛特戴克作为当今德国思想界的右翼知识分子，就是反对马克思主义的）。可是，在他们留下的学术论著中，我们不难看到阿甘本所说的那种绝不与自己的时代同流合污的姿态，对于布尔乔亚世界来说，都是"不合时宜的"激进话语。斯蒂格勒继承了自己老师德里达的血统，在技术哲学的实证维度上增加了极强的批判性透视；维利里奥对光速远程在场性的思考几乎就是对现代科学意识形态的宣战；而斯洛特戴克最近的球体学和对资本内爆的论述，也直接成为当代资产阶级全球化的批判者。

应当说，在当下这个物欲横流、尊严倒地，良知与责任在冷酷的功利谋算中碾落成泥的历史时际，我们向国内学界推介的这些激进思想家是一群真正值得我们尊敬的、严肃而有公共良知的知识分子。在当前这个物质已经极度富足丰裕的资本主义现实里，身处资本主义体制之中的他们依然坚执地秉持知识分子的高尚使命,努力透视眼前繁华世界中理直气壮的形式平等背后所深藏的无处控诉的不公和血泪,依然理想化地高举着抗拒全球化资本统治逻辑的大旗,发自肺腑地激情呐喊,振奋人心。无法否认,相对于对手的庞大势力而言,他们显得实在弱小,然而正如传说中美丽的天堂鸟一般,时时处处,他们总是那么不屈不挠。人类社会发展的历史已经明证,内心的理想是这个世界上最无法征服也是力量最大的东西,这种不屈不挠的思考和抗争,常常就是燎原之前照亮人心的点点星火。因此,有他们和我们共在,就有人类更美好的解放希望在!

译者前言

保持物品作为一个体系

保持生产作为一种镜像

保持死亡作为一种交换

保持世界作为一个拟像

保持邪恶能处于透明中

保持多数人处于沉默中

保持你的诱惑在鲜活中

保持你的记忆在冷酷中

保持你自己做一个他者

保持完美作为一个罪行

保持幻想就为这个结果

保持在线就为这么一刻

——波德里亚:《断片集:冷记忆 3》①

1929 年,鲍德里亚出生在位于法国东北部的兰斯(Reims)。他天资聪颖,是家族当中接受高等教育的第一个成员。可他偏又生性叛逆,求学道路辗转曲折,直到 36 岁才在亨利·列斐伏尔(Henri Lefebvre)的指导下完成博士论文[后更名为"物体系"(Le système des objets)出版],并于同年获得南特大学助教职位。从此他的创作生涯一飞冲天。直到 20 世纪 80 年代中后期他的作品出现大量英文译文时,他已跻身蜚声海内外的法国思想家之列。让他真正走进普罗大众视野的还是 1999 年《黑客帝国》(The Matrix)的上映:主角尼奥偷藏着一本鲍氏的《拟仿物与拟像》(Simulacres et simulation)。这部电影的导演沃卓斯基兄弟正是鲍氏的拥趸,相传他们还要求演员预先阅读鲍氏的书。今天如果我们扫描南京大学出版社 2014 年版《消费社会》(La Société de consommation)书封的二维码,还能看到学者有关鲍氏与这部电影思想关系的评论。

马克·纪尧姆是鲍德里亚的重要合作者。他出生于

---

① [法]波德里亚:《断片集:冷记忆 3》,张新木等译,南京大学出版社,2009 年,第 208—209 页。

1940年，比鲍德里亚稍小一辈。他于1966年在巴黎大学获得经济学的博士学位，如今是法国蜚声海外的经济学家，并在左翼政治和文化批判方面颇有建树。纪尧姆已出版的书目包括《资本及其副本》(Le Capaital et son double，1975)、《遗产的政治学》(La Politique du patrimoine，1980)、《网络帝国》(L'Empire des réseaux，1999)、《绿色病毒》(Virus vert，2002)等。另外，他也是本书法文版的出版社Descartes & Cie的创始人之一。

收录在《他异性的形象》当中的文本，主要来自鲍德里亚和纪尧姆在1990—1991年期间举办的研讨班。1992年，该书首次在法国出版，1994年再版时，加入了鲍氏1993年于笛卡尔协会组织的夏季集训班上的发言，也就是本书的第六章。2008年，该书的英译本由麻省理工学院出版社"拟文本"[Semiotext(e)]系列出版，更名为"本质的他异性"(Radical Alterity)，并附加鲍氏1998年一篇与其摄影展同名的文章《因为幻象并不与现实对立》("Because Illusion and Reality Are Not Opposed")。本书是根据1994年法语第二版来翻译的。

一

对于国内的读者来说,鲍德里亚已经不是一个陌生的名字。从世纪之交至今,汉语学界已然翻译了大量鲍氏的著述,包括但不限于:

《物体系》,林志明译,时报文化出版企业有限公司,1997年/上海世纪出版集团,2001年/上海人民出版社,2019年;

《拟仿物与拟像》,洪俊译,时报文化出版企业有限公司,1998年;

《完美的罪行》,王为民译,商务印书馆,2000年;

《消费社会》,刘成富、全志钢译,南京大学出版社,2001年;

《波湾战争不曾发生》,黄建宏、邱德亮译,麦田出版社,2003年;

《生产之镜》,仰海峰译,中央编译出版社,2005年;

《象征交换与死亡》,车槿山译,译林出版社,2006年;

《恐怖主义的精灵》,黄宏昭译,麦田出版社,2006年;

"冷记忆"系列,张新木等译,南京大学出版社,2009/2012—2013 年;

《符号政治经济学批判》,夏莹译,南京大学出版社,2009/2015 年;

《美国》,张生译,南京大学出版社,2011 年;

《论诱惑》,张新木译,南京大学出版社,2011 年;

《游戏与警察》,张新木译,南京大学出版社,2013 年;

《致命的策略》,戴阿宝、刘翔译,南京大学出版社,2015 年;

《艺术的共谋》,张新木等译,南京大学出版社,2009 年;

《为何一切尚未消失》,张晓明译,南京大学出版社,2017 年;

《恶的透明性》,王晴译,西北大学出版社,2019 年;

《密码》,戴阿宝译,河南大学出版社,2019 年。

以上我们仅仅列出了鲍氏本人的中文译作,尚未将业已翻译的国外学者论及鲍氏的二手研究材料囊括在内。从出版和再版的年份可以看出,汉语学界对于鲍氏的研究热情久盛不衰。基于这些译作,国内学界对鲍氏思想主要的研究视角大致可分为如下三类。

其一是采取文化研究的视角，将鲍德里亚视为后现代信息传播机制的分析大师。这个研究视角到今天仍是国内外学术界研究的主流。其原因有二。一方面，鲍氏的走红可谓借了美国学界包装"法国理论"的东风。20世纪七八十年代之交，美国学界开始重点关注法国激进思潮的代表性著作，鲍氏同阿尔都塞、德里达、德勒兹等理论家一道进入英语世界的知识殿堂。经由道格拉斯·凯尔纳(Douglas Kellner)和马克·波斯特(Mark Poster)的大力译介，90年代中后期更形成了所谓的"鲍德里亚效应"(Baudrillard Effect)。这一效应也随着两位文化研究专家作品的中译传入国内，基本规定了早期鲍氏研究的方向。[①] 另一方面，鲍德里亚本人也热衷于经营美国学界赋予他的"人设"。其中最能引起大众争议的，就是他在波湾战争爆发后公然发表《波湾战争不曾发生》。其核心观点是，人们所看到的战争只不过是经由摄影师剪辑和捕捉而刻意营造出来的幻象。与其说它是发生在大地上的血肉相搏，不如说只是一场影像游戏。除此之外，他本人还身体力行地投身于摄影实践，在世界各地广泛举办摄影展。可以说，正是鲍氏自己将自己推向了后现代拟像学第一人的位置。

---

① 参见[美]凯尔纳：《媒体奇观：当代美国社会文化透视》，史安斌译，清华大学出版社，2003年；《波德里亚：批判性的读本》，陈维振等译，江苏人民出版社，2005年。另见[美]马克·波斯特：《第二媒介时代》，范静哗译，南京大学出版社，2005年。

其二是因循政治经济学的发展脉络,把鲍德里亚理解为晚近消费社会的批判者。持这一研究立场的学者多以鲍氏70年代的作品为基石,其中最主要的是《消费社会》(1970)、《符号政治学批判》(1972)和《生产之镜》(1973)。

其三是立足哲学认识论的论域,厘清鲍德里亚对于传统形而上学的颠覆意义。鲍氏并非哲学学院科班出身,他也从未写就任何体系化的哲学论著。他的哲学主要集中在对资产阶级哲学的祛魅,因而这个研究视角相较于前两者处于附属性的位置。那么该视角也可进一步细分为两种路径。第一种是侧重于消费主义文化意识形态批判的路径。采取此倾向的学者更多关注人们在消费社会中的异化状态,以及异化何以发生的历史过程和技术机制。① 第二种路径或多或少受到列宁"三同一"②论断以及结构主义的马克思主义的启发,将鲍氏解读为"资本逻辑"批判家族的先驱。相较于前一种路径,第二种路径认为支配异化批判的整个认识论框架——主客体二分的认识结构,本就是资本逻辑内部创设的历史性结果。③ 资本逻辑不仅客观上使得人们异化,同时也

---

① 参见孔明安:《从物的消费到符号消费——鲍德里亚的消费文化理论研究》,载《哲学研究》2002年11期;夏莹:《消费社会理论及其方法论导论》,中国社会科学出版社,2007年。

② "在《资本论》中,唯物主义的逻辑、辩证法和认识论[不必要三个词:它们是同一个东西]都应用同一门科学。"引自《列宁全集第五十五卷》,人民出版社,1990年,第290页。

③ 参见仰海峰:《历史唯物主义双重逻辑的当代境遇》,载《哲学动态》2010年12期。

锻造了人们反抗异化的主体性。主体反抗得越多，异化了的资本的统治力量就越强大。简言之，鲍德里亚不仅补充了政治经济学，且从根本上颠倒了传统对于政治经济学与近代哲学认识论关系的理解。

当然，以上三种研究视角并非截然分离，它们彼此渗透着。我们无法绕过鲍德里亚的政治经济学批判而空谈其消费文化批判，反过来消费文化研究又是鲍氏的政治经济学批判有别于传统马克思主义的闪光点。总的来说，鲍德里亚不是一个传统意义上文学批评家、经济学家或者哲学家，他的思想魅力也恰恰存在于跨学科的多维交叠之中。现在，摆在我们面前的这本《他异性的形象》，将为我们提供一个崭新的、以政治哲学视角把握鲍氏思想的文本依托。

二

文如其题，《他异性的形象》一书的题眼是"异"。只有当若干个事物互相比较的时候，我们才能判断它们"异"于何处。通常说来，有三种关于"差异"的形象。第一是两个或多个独立个体彼此的外在差异。苹果不同于梨，电脑不同于鼠标等等。第二是同一个体的内外之别。比如亚里士多德规定："城邦之外，非神即兽。"那么，构成城邦共同体的成年男性公民，与被排除出城邦之外的奴隶、女人等人群就是内部和外部的差异关系。第三是"差异"本身的差异。男人同女人的差别、小孩跟老人的差别、动物和植物的差别，这些"差别"不是同一种差别。在鲍氏看来，并非任何差异都能算得上是真正的"异"，他所要探讨的正是何为真异、何为假异的问题。在此意义上，英文译本给题眼加上"本质的（radical）"这个定语，可谓慧眼独到。为了让读者更好地厘清鲍氏的批判主题，中译本对应真异概念的altérité翻译成"他异性"，对应假异或者传统概念的différence翻译成"差异性"。

鲍德里亚对真异、假异的辨明并非无本之木。事实上近代以来的理论家们从思考外在差异到思考内外差异，再到思考差异之差异的思想史历程，同现实政治意识形态斗争的历程大体上是一致的。亚当·斯密（Adam Smith）是积极主张个体间外在差异的典型代表。他认为每个人各司其职，市场这只看不见的大手就能够实现社会总体利益的最大化，因而人们的自由分工预兆着历史的完满形态。早期的西方马克思主义者清醒地意识到这种差异化分工体系的阴暗面。差异化分工的背后是强有力的同质性体系，每个人只是被社会秩序这个"大他者"质询到他的工位上。借用格奥尔格·卢卡奇（Georg Lukács）的术语，社会分工中的差异性只是一种"被赋予"的差异。差异化的分工秩序成为压迫个体的外在之物。卢卡奇等西方马克思主义者认为，个体外在的、作为社会分工之基础的差异只是一种虚假的差异，真正的差异是人的本质性规定同既有的社会秩序的差异，是人之为人的内在规定性与强加于人的外部强制性之间的差异。他们进一步追问，人的本质是什么？答曰：欲望、爱……不一而足。外在的不合理的社会秩序有哪些表现形式？答曰：私有制、国家、强制同一的理性化社会结构……众说纷纭。围绕着"人"这个核心范畴而建立起来的"内"与"外"的二元对立结构贯穿着西方马克思主义的理论发展史。对立双方的内容随着时代的流变不息。在冷战初期，彼此对立的是符合人性的社会主义和违背人性的资本主义；而到20世纪六七十年代，苏联"现实存在的社会主义"日益声名扫地，西方左翼开始把苏联和美国一起当成极权秩序的代表，再加上社会复杂性极度加剧、技术手段飞速发展等因素，对立项迅速让位于人性与技术合理性。直到本书诞生的90年代，苏联解体与东欧剧变更使得后一种对立项彻底占据上风。

不难看出，后一种对立项的双方是不对等的：技术合理性在日常生活中清晰可观，可人性离开了社会主义国家的土壤又能在哪里生根发芽呢？理论界思考差异性的方式也发生了根本的逆转。过去人性是"正题"——人们先追问"人性是什么"，随后以此为基础指责技术合理性的不合理；如今人性成为"反题"，技术合理性成为"正题"——人们只能从既有的技术合理性的"事实"出发,畅想它那些鞭长莫及的"边缘"或"外部",并假定人性仍在此处散发着它的光辉。过去的理论家以历史主体的能动性来反对技术合理性,而"后"学时代的理论家已把技术合理性当成了真正主体,人只能在它面前摇尾乞怜,翘首以盼一方还未被技术合理化的"飞地"。例如,吉尔·德勒兹(Gilles Deleuze)、青年时期的米歇尔·福柯(Michel Foucault)等新一代激进思想家把目光投向社会边缘人群。"边缘人"不仅仅是传统意义上的无产阶级或者穷苦大众,还包括被男权制度所排斥的LGBT群体、被精神病学所流放的疯子,甚至包括为正常的性爱秩序所不容的施虐者与受虐者。雅克·朗西埃(Jacques Rancière)对此概括道:政治就是让可感与不可感的界限混淆,让"那些曾经仅仅被当作吼叫的动物成为可被听闻的说话声灵"[①]。在新的对立项的政治哲学观的影响下,以社会边缘人群为革命主体的西方"新社会运动"(New Social Movements,NSMs)开始全面取代传统的以无产阶级为主体的社会主义运动。在德勒兹等人的眼中,能够战胜资本主义技术体系的绝非无产阶级联合体,而应是所有边缘人所共同居住的异域乌托邦。

这出异域乌托邦的大戏既是喜剧也是悲剧。一方面,它生动地讽刺了西方世界由于阶级矛盾向国际矛盾转移之后

[①] 参见[法]朗西埃:《文学的政治》,张新木译,南京大学出版社,2014年,第5页。

工人群体阶级意识普遍丧失的困境。另一方面,它又是知识界精神困顿不得纾解的悲剧写照。失意的教授同无所事事的学生们一拍即合,携手堕入不必按照规矩辛勤劳动又可指点江山的"差异拜物教"。在众多的社会身份中,你总会与众不同,你总能找到一个反对既定秩序的特立独行的立场。此刻德勒兹的咒念在耳畔响起:让精神分裂者继续分裂下去!永远地做一个反对者,永远不要同万恶的制度相和解!

三

青年鲍德里亚曾一度迷恋和青年福柯、德勒兹等人相类似的政治蓝图。青年鲍德里亚心目中的差异和边缘是被现代社会所遮蔽的原始人,或者说是巴塔耶式不计较经济得失而可以恣意彰显生命能量的田园浪漫诗学。① 本书则采取某种更审慎的立场。比起盲目地崇拜差异,鲍氏更多转向对诸现实差异的非本质性的批判。他试图提醒读者:不要被某些所谓的社会异见所蛊惑,它们不过是主流观点的异类表达。也正是在这个意义上,本书把对于差异性的思考推向第三个阶段——对差异之差异的批判。

---

① 参见张一兵:《青年鲍德里亚与莫斯-巴塔耶的草根浪漫主义》,载《东南学术》2007 年 01 期。

从政治光谱来说，本书是对后"68"时代激进政治的祛魅之书。开篇第一章"作为他者之省略的幽灵性"揭示了这一主题。Spectralité一词兼有"幽灵性"和"光谱性"的意味。这两种译法分别侧重其不同的含义。幽灵是既在场又不为人见的东西，而光谱则意味着此物内部构成之复杂。雅克·德里达（Jacques Derrida）有部著作叫作"马克思的幽灵"（Spectres de Marx），他要表达的主题也是马克思思想，它本就多元复杂，又时常隐于晚近思想家的理论之中。鉴于该书已有中译并在国内产生广泛影响，本书也将spectralité翻译成"幽灵性"，只在个别之处根据上下文语境译作"光谱性"。鲍德里亚和纪尧姆在此哀悼的是1968年"五月风暴"的幽灵。个体在运动中暂时地同其被社会主流所认可的身份割裂，戴上边缘身份的幽灵般的面具（在具体的行动中反对者也采取匿名信、涂鸦等隐蔽身份的方式）。这便是文本所说的匿名（anonymat）状态。匿名是对规则的打破，随后用新的身份来创造一个新世界。人们今天在互联网上顶着"马甲"发言，似乎意味着匿名交往已经成为流行的现实。鲍氏所要追问的是，身份的隐蔽就意味着个体成了不同于他自身的"他者"吗？依靠匿名网络建立起来的社会就是一个真正的异托邦吗？鲍氏的答案是否定的。这种否定并不是在操作层面做出的判断。哪怕现代世界没有福柯担忧的全景敞观和严密监控，匿名也无法使人变成真正的他者。隐匿的部分和未经隐匿的部分一体两面,如没有现实社会的"正题",也就不会有匿名社会的"反题"。反题仅仅是对正题的无限复制。纪尧姆为此提出:"这些同诸多他我(autrui)幽灵式的交流,并非与其他异性的直接相遇,尽管一些情况下仍会如此;但它们有助于自我多方面的塑造,在主体内部带来改变和他异性的影响。"①即便化身为摆脱已有身份的匿名幽灵,主体也并不必然地直接和他异性相遇。他异性与幽灵性之间仅仅存在着某种偶然的相关性。在这场反对既存体系的斗争中,边缘性和身份政治并没有任何必胜的把握。

紧接下来的第二章和第三章开始探讨地理学意义上的他异性。这或许也是鲍德里亚对自己青年时代迷恋原始田园的自省。当西方日益成为高度理性化的工业体系,欠发达的东方以及未知的外太空被寄托了救赎的希望。鲍氏反复提及的文本是维克多·谢阁兰著名的《异域情调论》②。抵达一个陌生的地方就能遭遇真正的他异性吗?回答当然还是否定的。问题不在于这些旅行地有没有真正的他异性,而在于旅行的主体能不能认识到它们。倘若主体的认识框架没有改变,那么任何鲜活的事例都将被放到旧框架中得到理解。他虽走遍万水千山,他的所见所闻仍然局限于彼时狭隘

---

① Jean Baudrillard, Marc Guillaume. *Figures de l'altérité*. Descartes & Cie, 1994, p. 36.

② 该文已有中译本。参见[法]谢阁兰:《画 & 异域情调论》,黄蓓译,上海书店出版社,2010年,"异域情调论:一种'多异'美学"章节。

的一方天地。这个道理同摆脱身份化身幽灵的差异性类似。"心"不变,认识世界的方式不变,不论采取任何异类的行动,主体始终还在旧世界里兜兜转转。而要摆脱旧的世界观,不是单靠个人拍拍脑袋就能完成的。我们看待世界的方式来源于我们的文化体系,世界观的改变本质上是一个文化体系改变的问题。任何个体的旅行只意味着既定文化体系的自我繁衍。异域风情并非真正的异在,而是以本土为中心所投射出去的想象中的异域。反过来,真正的他异性从来不需要到地理空间的"别处"来找寻,它只不过被掩埋在体系的大厦之下,它一直都是在场而不可见的幽灵。

第四章和第五章所探讨的就是由我们亲手所创造又仿佛异在于我们的新事物——智能机器及技术工艺。人工智能所代表的他异性和异域风情所代表的他异性恰好指向两个不同的极端。后者是在发达的严密控制体系中寻找边缘或者空隙,前者是将控制论发挥到极致:"梦想着有一种机械-主体,它具有创造性并且可以交流……它玩弄着某种本质差异性的观念:超人类(transhumaine)。"[1]人机结合体或能摆脱人类身上的某些劣根性,以及由这些劣根性所生发的恶之花。这未尝不是某种超越现存不公制度的政治路线。鲍德里亚和纪尧姆再次给雄心勃勃的理论家们泼了一盆冷

---

[1] Jean Baudrillard, Marc Guillaume. *Figures de l'altérité*. Descartes & Cie, 1994, p. 124.

水。机器也不是人的异在物,人本身就是一架运算着人造符号并因循它行动的机器。在植入机械手臂,甚至机械脑袋之前,我们就已经是一架依托于某种操作机制的机器了。"超人类"只不过是用新的材料来表述旧的事实,它同样不等同于本质的他异性。

差异是我们这个时代共同思考和实践的主题。今天不少年轻人追求个性,逢着"撞衫""撞鞋"的情形往往尴尬不已。如果按照鲍氏的说法,这些穿着打扮上面的不同只是假异,是消费主义文化所创造出来的差异。没有这些差异化的需求,人们怎么会买了又买,不断追赶时尚的潮流呢?在楚楚衣冠之下是身体的、生理的差异。鲍德里亚认为这些差异是更为本质的他异性。不过,身体差异本身内部又有一个真假之别。传统的女性主义学说把性别差异放大为社会体系建构的支柱性要素,鲍德里亚明确反对这个观点。本书最后一章认为,"女性"概念之所以产生,完全是因为预先确立了"男性"这个正题,再划出"男性"的外部或者反题,即"女性"。所以所谓的女性主义视角实际上还是男权中心主义。[1] 那么,到底什么才是"本质的他异性"呢?在这个问题上鲍德里亚始终没有从正面给出具体的事例说明。他的缄默并不是心虚或者理论错误的直接证据,缄默恰恰表明其思考不单是

---

[1] Jean Baudrillard, Marc Guillaume. *Figures de l'altérité*. Descartes & Cie, 1994, pp. 171-172.

对具体社会学事例的思考，而是指向形而上学的大全之思。但凡落于言语而能直接道破的都不是最根本的他异性，因为在说出的那一刻，我们的语言已把它捕捉到符号意义的同一性体系当中。我们根据自身的视角和立场安排我们的世界，语言只是专属于我们的家园。语言之网必定遮蔽异在物的真正本质，只赋予它一个熟悉的代号。正如同"远东""近东"等称呼渗透着欧洲殖民主义的色彩，而事实上对应地区的人们不会这么看待自身。简而言之，鲍氏的理论价值绝非告诉人们到底什么是最根本的他异性，而是提供了一种不断超越差异性表象的批判思维方法。

以上的分析仅仅抓住了书中一条相对明晰的线索，而作为一本研讨班发言的记录集，它必然因为说话者时不时的"跑题"而带着诸种溢出效应。纪尧姆教授在编辑这个文本时，刻意保留了它原腔原调的面貌。我们衷心期待它的读者能在这个光谱式的文本中读解出更为多元的思考向度。

鲍锡静　苏振源

2022 年 5 月 11 日

目　录

前言 …………………………………………… 001
作为他者之省略的幽灵性 …………………… 001
他者，别处 …………………………………… 028
星球旅行 ……………………………………… 067
人工的愚蠢和他者的智能 …………………… 098
人造性与诱惑 ………………………………… 119
他异性的整形手术 …………………………… 161

前 言

他异性的主题已然成为欧洲的顽念,与西方世界上升的排外思潮形成对立。这一顽念近年来引发了许多有意义的研究。仅从法国的成果来看,可以列举出如米歇尔·阿农(Michel Hannoun)、皮埃尔-安德烈·塔吉耶夫(Pierre-André Taguieff)、埃马纽埃尔·伊尔施(Emmanuel Hirsch)、保罗·利科(Paul Ricœur)、克洛德·勒福尔(Claude Lefort)、茨维坦·托多罗夫(Tzvetan Todorov)以及朱丽娅·克里斯蒂娃(Julia Kristeva)①。

---

① 米歇尔·阿农,《人类与人类的希望》(L'Homme et l'espérance de l'homme),关于法国种族主义与歧视的报道,法语文献,1987年;皮埃尔-安德烈·塔吉耶夫,《偏见的力量》(La force du préjugé),发现出版社,1988年;埃马纽埃尔·伊尔施,《种族主义、他者与他者的脸》(Racismes, l'autre et son visage),瑟尔出版社(Ed.du Cerf),1988年;保罗·利科,《作为他者的自身》(Soi-même comme un autre),瑟伊出版社(Ed.du Seuil),1990年;茨维坦·托多罗夫,《我们与他者》(Nous et les autres),瑟伊出版社(Seuil),1988年;朱丽娅·克里斯蒂娃,《面对自我的陌生》(Etrangers à nous-mêmes),法亚尔出版社(Fayard),1998年。(本书中的注释,如无特别说明,均为译者注。)

这种文本的顽念与激增不能仅仅解释成对抗现实困难的迫切需要,它们也有预兆某一现象的价值,这种现象比种族主义的上升更为隐蔽,因能以悖论出现而更为隐蔽。

米歇尔·德塞尔托(Michel de Certeau)在《死亡的美丽》(*La beauté du mort*)①中描绘了某些"内在异域情调"的产生:对18世纪末的农民文学或19世纪中叶的地摊文学(Litterature de colportage)的迷恋。然而这种兴趣,这种新的合法性确切来说是与控制和规范的手段(mesures)并驾齐驱的,这些手段将会导致这些如活文化般的(comme cultures vivantes)大众文化或早或晚地消失。在这种时刻,除非人种学家和考古学家出现,否则这些文化再也无法自保。他们发表的文章实际上是墓地,用防腐香料保存即将消失的东西。

有可能的是,如今关于他者的文章——无论是异乡人、移民者还是社会边缘者——都有些共性:一种似是而非的哀悼,关于否认的模式,面对一种在他者中将会消失或正在消失的混合体。这一混合体,我们已称之为**本质的他异性**(l'altérité radicale)。简单说来,每个他者(autre)中都有他我(autrui)——不是我、与我不同,但我能理解,甚至能同化的东西——也有一种本质的他异性,它不可被同化、不可被理

---

① 米歇尔·德塞尔托,《复数文化》(*La culture au pluriel*),普遍联合出版社(Union Générale d'Editions, UGE), 10/18, 1974年;《死亡的美丽》(*La beauté du mort*)为该书第三章,与D.茱莉亚(D. Julia)与J.勒维尔(J.Revel)合写而成。——法语版注

解,甚至不可被想象。西方思想不断把他者当作他我,把他者化约为他我。把他者化约为他我是一种难以避免的诱惑,因此本质的他异性总是构成一种挑衅,注定要被化约、遗忘在分析、记忆与历史中。"他者是历史的缺席",德塞尔托先生又说。

这种对于本质的他异性及其衰落的假说,在维克多·谢阁兰的著作《异域情调论》(*Essai sur l'exotisme*)中被强有力地表达出来。我们叫作本质的他异性的东西,谢阁兰称之为异国风情——真正的异国风情,而非托多罗夫所揭露的这种对不了解的颂扬。这一种族中心主义的反映——或叫作多样性(le Divers)——正是它让世界变得有魅力。谢阁兰的作品也提醒我们,如果说异国风情在今天加剧衰落的话,也并非始于昨日。

在一个提出了各式各样他异性模式后,似乎自我封闭、变得无法产生未知与无限的星球上,能够找到异国风情的什么残余呢?在野蛮人和原始人存在的那个时期,地球在文化上变成了一个球,旅行结束而**旅游**(tourisme)开始了,因为人们只能围绕着已知的土地**转圈**(tour)。①

我们与他者的关系,无论是与其他国家、种族还是性别,已经完全改变了。再也没有象征对抗(affrontement sym-

---

① 这里是文字游戏,tourisme(旅游)中包含 tour(转圈),表示讽刺。

polique），因为已被宗教、仪式或禁忌解决。除了一种真正毁灭性的对抗："如果你和我不同，我排斥你或者我杀了你。"西方国家倾向于利用殖民或文化同化来削弱真实。它们正是这样削弱存在于他者中的根本异质的、无法估量的东西。

如此一来，在一个涌现出相对充足的物质世界里，真正的稀有物是他异性。继列维-斯特劳斯及其他哲学家之后，让·鲍德里亚提醒我们，原始人把其部落唯一的成员称为"人类"，这一经过巨大抗争赢来的特殊身份，允许不同生命间的交流：异乡人、逝去的祖先、神灵、动物、自然。正是我们关于"人"的不区分标准使歧视涌现出来，正是"人类"（Homme）这一普世主义（universalisme）的观念让整个西方文化突显出来，催生出种族主义。"种族主义是新式的。以前的文化或种族已经被无视或消灭，但从不是在一个普遍理由的符号之下。"①

正是从这一普适性（Universel）的视角，我们不人道地引入了低等种族的范畴，而后（如同福柯曾指出的）引入疯子、孩子、老人、穷人等范畴。在人这一符号掩盖下，社会将"正常"（le normal）和普适性混淆。在这个社会里，以上所提及的所有范畴最终被排斥和区隔、被标准化。在这个社会里，人们打着人权的旗帜夺取自由，但这是同他者一样，或者说

---

① 让·鲍德里亚，《象征交换与死亡》，伽利玛出版社，1975年，第194页。——法语版注

几乎趋同的自由。

这便是为什么,如果想保留最起码的哲学要求,就必须提防那些总是太普遍化的善意想法。在一次谈话中(《世界报》,1992年3月10日),J.-J.德桑蒂(J.-J. Desanti)确认了此点:"伦理学的根基,单纯是对他者的接受。伦理学的反面,在我看来,是对他者的拒绝,是对我不认识的、来自另一种文化的、拥有另一种思维方式的事物的关门谢客,我会将之排斥在我的部落之外。接受外界,在我看来是完全符合伦理的关键行动。因此,面对曾经由于历史积淀而使我形成归属感的共同体,我拒绝它将自身的界限强加到我的身上。"

如果不做进一步思考,这些断言似乎是慷慨的、几乎无可争议的。但是在整体论的社会中(société holiste)没有伦理吗,比如印度?亚里士多德的作品中没有伦理吗?使我们上当的,正是那些西方种族主义通过价值普适化所建立起来的东西——在此我们指的是对他者的接受。但是何种他者?一个接受这种化约性的、普世化过程的他者。皮埃尔-安德烈·塔吉耶夫早就注意到这个矛盾:面对拒绝开放的人,如何将开放合理化?

他者的紧箍咒——他者因其不同而应受欢迎和尊重——建立在消除本质的他异性的基础之上。在这些分析、政治、伦理的诸目标里,关键的是**他我的社会管理**(gestion sociale de l'autrui),这种管理存在于将**他我**(autrui)认作**他者**

（autre）的文化空间中。

在我们的控制型社会中，这种对他我的管理不再主要通过纪律与规范来进行，而是通过大众的**交换**（commutation）与**幽灵化**（spectralisation）。大众的消费、交流、交通和城市化将无数的他我安置到一个共同居住的空间，其中它们并肩齐行却视而不见，互通有无却不相往来，迎面相遇却全无冲突。他者的削删与亏蔽：生者的他者（把垂死之人抛给专家，抹去死者的存在）、成人的他者、公民的他者的削删与亏蔽。差异的工业化处理，却是无意义的、单调的差异，是他我之尘。在无数次支离破碎、魅影幽灵般的迎面相遇和互通有无中，他异性未被触及，因此他异化（altération）的风险也不存在。冲突转化为"问题"，调解转化为"解决"。由此某种建立在大量互动之上、最终相对而言较为有效的日常管理出现了，它甚至引起了康德所谓"不合群的社会性"（l'insociable socialité）的问题——现代大都市不合群的彬彬有礼（urbanité）。

在这种对他我的管理中仍然保留着某种剩余物。他者中隐藏着一种难以管理的、危险的、一触即发的他异性。被防腐过的、标准化过的东西可以随时醒过来。这令人担忧的他异性的实际重复或单纯再现源于独特性、事故和灾难。正是这些混乱点让历史改道，从而改变个体或集体的命运。

爱欲的激情让绝对他异性残酷地突然出现，将两个存在者分开,允许它们去更加接近这个界限,一度想象着跨越它。因此爱欲具有动摇秩序的力量和它那该死的维度。好像这种力量只能在一个黑暗世界的边缘或内在支配,这个世界对白天的社会生活没有影响。

也有另外一些绝对他异性的形象直接闯入了社会领域;它们出现在街区的原中心(犯罪、毒瘾),或者由移民身上所携带的、不可同化的碎片所引起。它们穿上纯粹暴力(恐怖主义)或工业及文化挑战(日本文化)的外衣。又或者它们从我们技术发展的视角显现出来(机器正在变得"智能",并且成为一种自治的、基因学的天方夜谭)。正是这些形象,正如现实所证明的那样,困扰着西方社会,将西方社会控制在压力之下,控制在历史终结论的避难所中。或许正是这些形象阻止了它们自身朝着近似于"人"的方向的转变——萨特曾在《存在与虚无》中谈论过这种"人":"丝毫没有怀疑过那些所谓的他者(l'Autre)便死去了——除了在某些短暂而令人怖惧的灵光一闪之际。"

书中出现的文本来自1990年与1991年召开的研讨班。这些文本保存着最初的口头形式,在此不使用更具有教学指导和综合作用的插入性补充。在这第二版中,增加了一篇让·鲍德里亚的文本,这是他于1993年7月9日在巴黎发表的,正值由笛卡尔协会(l'association Descartes)组织的欧洲夏季集训班举办之际。

因此是关于他异性的演讲片段,其中刻意留存了些大胆和冲突。一个更有结构性的甚至共同的思考,只"思考"自身包含的东西,不向聪明的他者开放——后者更应当在中间状态、在一条于异质思想间安排自由空间的"通道"中探索。

马克·纪尧姆

1993年12月

作为他者之省略的幽灵性

马克·纪尧姆

  我想谈论的问题是依据我们称为"他者的削删"（ellipse de l'autre）的形象建构而成的。对此主题最直接的研究来自格奥尔格·西美尔（Georg Simmel）的一篇短文——《闲话局外人》（Digression sur l'étranger），它勾勒出不属于共同体（communauté）那一部分的社会功能。

  这样一来，我将只能间接地谈论这种"他异性"。说到底，这是一种接近他异性而非真正的他异性的东西。可用下面的公式进行总结：把他者当作他我，即把他者化约（réduire）为他我。把他者化约为他我是一种难以避免的诱惑，因此绝对的他异性是不可能的，它注定要被化约。无论如何，他异性总是构成一种挑衅。基于对这种挑衅的思考，我要提到莫里斯·德贝斯（Maurice Debesse）的一本书。此书是对这种不可能的他异性的一种阐释，于1937年出版，用作者的术语来说，主要讲述青少年特立独行的危机。青春期是主体拒绝被他我视作他我的时期，它希望在其根本独特性上被看成他者。青春期难道不是主体应对他异性进行哀悼的时期吗？此外，同时进行的是父母对"出色的孩子"的哀悼。青少年在哀悼他异性，甘心被他我只当成他我，而与此同时父母也在哀悼。塞尔日·勒克莱尔（Serge Leclaire）在一本名为《有人在杀孩子》（*On tue un enfant*）的书中重点描写了这一时刻，父母应该杀掉他们身上的残余，即所有成人都很难放弃的出色的孩子。

我不想延伸对青春期的思考，而是想指出在这点上也很难考虑本质的他异性——或更确切地说是对本质的他异性的渴望。青少年与毒品的关系或许能用这种渴望来解释。

通过某种轻率却频繁的滑转，一种自然的动作引导我们把一个遥远的他我当成他者的实体，比如社会边缘者、异乡人，或者一个强制介入我们象征的他我，如另一种性别。最重要的是专注于这一滑转，它虽没有充分根据，却仍然值得探索片刻。

西美尔于1905年发表的《闲话局外人》考虑了这一他异性的实体。在西美尔看来，局外人是一个既近又远的人；远并不意味着一定是地理或文化的差距，更确切说是一段界限。局外人是那种既非裁决者又非当事人,在争论与冲突中不偏袒,不会以一种永久的方式介入我们邻近社会中的人。因此,他可以是一个公正的裁决者,隔着一段距离去更好地观察与之并非一直有关的冲突或情况。因此,这段距离让他可以接近,让他可以处在裁决者,或者更多时候,一个听忏悔的神父的位置。相比于亲近的人,人们更容易向陌生人吐露心声。人们因此处于一种非常奇怪的关系中,因为最远的也是最近的。这是一种奇特的度量,只是出现在介于两种维度之间的与他者的关系中。如果人们可以从既远又近这两种维度看待事物,那么就可以既身处其中又置身事外。从某一轴来看,局外人非常遥远,从另一轴来看,又十分相近。西美尔分析的局外人的这种独特性,局外人身上的这种他异性实体,为我提供参考去检验一种我所谓"人造局外性"(étrangeté artificielle)的情况。

城市化的社会充斥着这些可称为人造局外人之人。人们目睹着局外性的人造生产。这种情况还是由他异性的削删(ellipse de l'altérité)——或更确切地说他者的亏蔽(éclipse de l'autre),或用一个更加语言学的词汇,他者的省略(élision de l'autre)——制造出来的。稍后,我会回到"省略"这一术语上来。

在开始讨论这种人造局外性之前的方法事项。我的方法在于像考古学家或古生物学家那样去探索,即试图去找到能够重建真实的那块砾石或骨屑。古生物学家通过一块骨碎片去尝试还原一只完整的动物。他们重建某个无法证实的东西。但这个东西对应着一个假定的现实。与此相同，我企图通过一些征候（symptôme）重建一种社会视角的尝试可能对社会展望学是有用的。你们也可以把这种尝试当作对当下的一种解读，期待这种解读将吸引到你。对社会征候的解读也有两个层次。要么有人把征候当成预测未来的工具，这种情况下预测最好是有根据的，因为这是一种功利主义的见解。要么有人提出一种解读，一种对当下的解读，如果你们相信，你们可以使之变成一个神话（"神话是一种**价值**：神话没有必然的真实性"，巴特曾说）。我唯一期待的是这块碎片让我们对他异性的研究更进一步。

　　我建议研究的这种碎片、这种征候，是新的表达方式和沟通方式的激增，这些方式一方面以科技设备为媒，用工业方式呈现；另一方面更是由于社会敏感度的变化而产生。这种社会敏感度的变化说到底反映了传统共同体的终结、社会化中间机构的削弱、混乱与孤独的危机，这些危机由城市、连接网的增加、所有"多变几何"式沟通装置等社会科技潜力所造成。从这点看来，"五月风暴"似乎是一个明确逝去的社会制度的最后惊跳。这段插曲没有预言一场革命，反而终结一场革命。人们涌上街头，融合到队伍中，这是一个可能昙花一现但如节日般的、融洽的，而且随后就容易被媒介平息的共同体。如今，人们确实处于各种网络交织的世界，这些网络迸发出各种新形式的社会性，和这种融合一切的人群骚动没有任何联系。这再也不是传统媒介所能描绘出来的，因此也不再能够被它们平息或废止，正如传统共同体某些因素能做到的那样。这牵涉一种新的传达性形式，使我们对共同体的怀旧、与传统的个人集体辩证法彻底决裂。这种新的存在与交流方式，我将之定义为"幽灵般的"(spectral)。

当然，新奇的不是孤立的幽灵行为，而是这种模式的普遍化。哪怕会有误读之虞，人们仍然可以察识到幽灵性(spectralité)身上的往昔痕迹。人们已经在如下的事件中定位到幽灵性，在匿名信与涂鸦等形式的沟通中，在某些娱乐形式如狂欢节、乔装改扮、文字游戏等形式中，以及在某些卖淫的形式中，人们都可以察觉到幽灵性。在18世纪，面具游戏和暗箱操作盛行。在文学传统中也是同样的情况。司汤达(Stendhal)自如地运用数百笔名，将近三百个。佩索阿(Pessoa)隐藏在至少三个假身份中，从克尔凯郭尔(Kierkegaard)、马索克(Masoch)、博尔赫斯(Borges)到朱利安·格拉克(Julien Gracq)和罗曼·加里(Romain Gary)等许多人，都拒绝使用某个固定的名字。

因此在文学传统中早就有伪装身份性的游戏了。然而，在这一切情形下，重要的是被边缘化与被舍弃之后的实用便利，禁忌和礼节性的便利代替了与其潜在普遍化背道而驰的驱魔符咒，或者某个阶级的行为方式，又或者能体现巴尔扎克(Balzac)断言的人格性：隐姓埋名是王的欢愉。

实际上，我提到的这些迹象可能并非这种普遍化的开端。这些行为的普遍化以一种讽刺的方式出现在失范(anomie)最明显的地方，即发生在我们定义为"不人道"的城市中与"孤独的"人群的交流中。若根据社会问题的涂尔干式(durkheimienne)研究角度来看，曾经最差的那些地方则出现了一种新的社会性。那里一些幽灵(spectre)相错而过，它们互不相识，永不再见，它们无论如何，维持交流实践。幽灵性同样在大众的消费态度中展开。大众消费允许了社会现实与社会角色间的断裂，创造出一个让我们学会以非我的面貌出现的空间。这已然是一件深入我们常识中的事情，然而在两代之前，它却是无法想象的。显示非我的一面，在传统社会中会引起喧嚣或者类似之物。而如今，人们可以接近隐姓埋名的乐趣，却来了个有趣的历史反转，"王室"——最起码包括那些政府官员——被人们注视下的媒介紧盯着，被置于一定的透明度中。

在城市中，通过大众消费，我们已经学会管理（应付）言语(paroles)和符号(signe)的旋涡。我们已经学会胡乱组合矛盾的符号，"拼贴"(collage)的后现代。约翰·凯奇(John Cage)的一句话总结了这种感觉："世界是一幅巨大的拼贴作品。一辆载满了互不认识之人的公共汽车从一座哥特式教堂前面经过时,一块发光的广告牌正在吹嘘着某个品牌的香烟。"正是在这块空地和其拼凑的标记中,在其涂鸦和标签中,我们学会去建立幽灵般的交流。一方面应该管理符号、角色(rôle),另一方面要管理与陌生人、异乡人的关系,因为在多种情况下必须与之分享或交流。

我保留这一稍印象主义的面貌,试图找到一种更加碎片化的情境,来让我们以更具分析性的方式理解我们叫作幽灵般的交流的东西。媒介沟通(不要听广播或电视,更好的是电话和其衍生物)能够在一种与城市并无巨大悬殊的背景下去观察幽灵性的纯粹形式。电话及其变体实际上普及了可获得性的所有权,以及城市当中可交替使用的所有权。正是这种交替使用,这种能够在人、物、符号当中建立起联系的能力,形成了城市。城市是贸易的场所,是一切贸易的场所,包含这个词组的第二层意义——衰老。都市的联系多种多样,频率各异,有时微弱而短暂,这些联系提供了自我切断、离群索居的可能性。

和城市一样,交际网也提供了多样化的联系,以及连接与断开的潜在性。在这媒介沟通的空间里,当沟通主体能或多或少、或长或短地避开一些通常不可避免的监控与鉴别程序时,就会出现幽灵般的沟通。比如说,他们能够逃避在传统交流中明确的或能够明确的身份,如姓名、事先认识以及直接现身。日常交流通过其语境,或更普遍地,通过元沟通

(méta-communication)的玩家,被严密地控制与引导。所有这些现象都被帕洛阿尔托学派(l'école de Palo Alto)统计与分析过,从贝特森①到瓦兹拉威克②,他们都以一种典型的顽强进行着。他们花费时间去观察手部的动作、交叉腿的姿势、点烟方式、情感流通的方式。

这种后续沟通现象的一部分在幽灵般的沟通中被消除、隔离,悬而未决。由于缺乏监控与鉴别的坚决要求或程序,这种沟通被夺去、被免去既定习俗的一切文化积淀。在此之后,帕洛阿尔托学派的研究在我看来不太适用这些幽灵般的情况,只对日常沟通有价值。通过技术假象实现的媒介沟通形式,有其他的监控和情境化的机构(instance)。

当然,一些新编码(code)会出现,但人们进入一个匿名程序后,那些建立在身份、识别、**族名**(nomen),即**部族**(nomos)的所有编码基础却消失了。

为了看见新鲜事物,就应当抵制一种诱惑:把幽灵般的沟通看作一种部分的、不完整的沟通。幽灵般沟通的他者、绝对的对立面会是什么呢?我们可能觉得是两个很亲密的人之间的面对面、身体对身体,人们称之为一种真正的、绝对的沟通。实际上,这并非幽灵般的他者,因为如果二者之间

---

① 格雷戈里·贝特森(Gregory Bateson),英国人类学家、社会科学家、语言学家、符号学家、控制论学者,来自帕洛阿尔托学派。
② 保罗·瓦兹拉威克(Paul Watzlawick),美籍奥地利心理学家、哲学家,传播理论与激进建构主义理论家,帕洛阿尔托学派创建者。

一切都被分享、一切都是共有的,那就再也没有沟通了,沟通在一种太深的亲密中消失了。这里有一个经典的疑难:沟通所追求的东西也正是使沟通消失的东西。换句话说,一切沟通都建立在与自身相对的以及人与人之间的区分之上。正因为如此,沟通从一切形式的距离设置、独特之处以及所有不理解与误解的风险中得到滋养。科技进步将沟通从现实中去除,使之幽灵化,这让沟通更复杂、更丰富,又随处蔓延,这点不足为奇。幽灵般的沟通可能实现理想化的沟通:增加距离设置。这让我们对一个令人担心的问题更加明白了:**匿名与失范之间的关系**。

  从传统沟通出发以观察匿名是如何被引入的。这是完全一具身体的共同出场来鉴别的沟通。显然,通过信件或电话的沟通中,身体是缺席的,但在一个拒绝混乱的社会里,即使是这种情况也严格遵守鉴别仪式,这仪式甚至已经被仿制到面对面沟通上。写信要有一个寄信人和一个身份明确(鉴别过的)的收信人。会有一些规则,一些甚至不太流畅的礼貌惯用语。这种传统的书写沟通因此完全服从于强势文化表象的受限结局。用电话沟通同样如此。电话被自身的许多科技潜力大大枯燥化、曲解化。它的生存起源于逆退式的想象,即一切应该在可能的范围内发生,**如同人们当时就是面对面的**。有人会说电话已经夭折了。这种装置只有在以好的方式使用时,才是可想象的,比如说有用人可以去答话,去作为中间人，将年轻女孩甚至已婚妇女和这个能够允许未驯化的社会性入侵的工具隔开。电话就此失势，接着按照社会的强势之物将自己仪式化。寄信人身份的匿名尤其是被严格禁止的。一开始有可能的三人间的同步沟通没有被保留下来。这种事情经常发生，有潜力的技术就这样被弃置了。

相比之下，书籍或者报纸早已引入了匿名，或者说单边的匿名，因为这里的收信人不再能被鉴别。这种辐射沟通的形式下，匿名的、未知的、沉默的读者是大众的代表，是所谓公众观点的代表，确切来说，这种不被公开的观点，在社会沟通领域占据了一个重要且全新的地位。我们可以想想法国16至17世纪的书，尤其是所有批评家（也可以加上新教徒，他们在其他地方以其他名字发表作品）的书，我们会注意到这种形式的出版，建立在大众匿名，甚至双边匿名的基础上。

随着广播、电视、电影的诞生，这种辐射沟通的形式将变得越来越普遍。这种情况下，发射器（信息发送者）似乎被很好地鉴别了。然而在现实生活中，这些在播音室或相机前的人，我们只认得他们的声音或脸。他们也处于一个幽灵般的位置。这些辐射的媒体已然加快了文化的改变，加快了极其片面的沟通的接受。

二十年来，未被曲解化、枯燥化的科技潜力催生了新的实践，或者说旧实践的新状态。这意味着作为匿名信、涂鸦还有大字报特点的鉴别丢失了,这一丢失突然终止了一个或因特殊而边缘的、或道德上被谴责的处境的构筑。甚至有时候产生了反面效果。给出名字是被禁止的。我尤其想到其中一个实践,那是民用频段(Citizen Band)的应用。起初,规则规定介入的人不提供姓名和地址。另一种更为古老的应用也是如此,即电话"网",它源于一个科技缺陷,但接着在某些实验性的场景下,它在电信的一般管理方针下,在制度上被组织起来。

因此,"民用频段"、电话"网"都曾是沟通中全新之物的不连贯的、不重要的征候,而这种沟通是在法国计算机领域中突然发展起来的。人们处在这样一种情况中:陌生人轻声对陌生人说着话、互吐心事、创造着角色与故事,在这里匿名是规则。事实上,那不能算绝对的匿名,倒不如说是异语同义词或笔名。这是一种约定,有时用很有意义的笔名代替绝对的匿名,正是这种全新的约定得以中止日常礼貌的老规则。从这个角度看来,可以说匿名正在面向某种失范的形式,因为某种亏蔽致使礼貌的日常规则正在消失。可能更普遍看来,这种匿名正开始一种中断,这一中断将让主体不仅与自我感受,而且与社会环境甚至与整个现实分隔开来。这一中断会去支持想象的自由,并最终承认一切幻象。也许这不是对他者、他处,更是针对自身;也因此与社会装置相比,匿名更是一种解放想象之物,从而与自身拉开一段距离的方式。

然而，将匿名化约为这种想象的自由或许是个错误。诚然，越少的鉴别允许越多的违犯；的确，一些不可见的网络最终只是削弱了共同体社会的控制；以同样的方式，人们从乡村来到城市，受到更少的约束。因此从这点看来，人们将总是趋向都市变换的扩张。这种对匿名的探索，隔着距离来看，并没有削减成如此。这同样是一位象征装置，它不仅允许主体来分离世界，而且也让其肯定自己永远对抗的世界。一边分离，一边肯定。

例如，匿名可以是再造和再现某个身份的手段。在社会冲突时期，一些大的国民企业里，职工选择匿名的媒介来逐个车间地表达自己的诉求。一种匿名的联结首先允许拉开距离，必要时让工会失去信誉。匿名实在是一位能够创造与建立一片空地的象征装置。从这个角度看来，匿名实现了规避制度满溢之处，并且如果条件良好的话，会出现一位新的重要公众角色。为了避免在行动前说出自己的名字，为了让每人参照自己与他者，自由下定决心，这一行动让发言人与等级中的被遗弃者拥有一个身份，也拥有一个在规范和工会运动之外的公共计划。这一具有创造性匿名的过程在我看来十分有意思。

更常见的，匿名是这样一个装置，它使得我们建构起如此两个世界：一个世界是社会化的、功利主义的，因此部分是非人道的，同时它又是必然且宿命般的（社会的、科技的、经济的世界），另一个世界是隐秘的、激情的、人道的，同时它既微不足道却又必不可少。肯定这两个世界是对每个个体的挑战，是一项不可能完成的任务，因为这两个世界无法类比：它们不仅与彼此相差甚远，而且毫无关系。这是一个日常挑战，人们更习惯逃避或密谋，而非对抗，正因如此，我们拥有许多类型的摆渡人。首先是那些我们有时向之吐露困难的亲近之人（父母、朋友），但相反，也有那些局外人（我们回到西美尔提到的这一角色）。局外人，如果我可以这样说的话，可能是偶然碰到的局外人，也可能是"专业的"局外人。专业摆渡人的典型形象是医生或精神分析医师，这些人便是F. 佩里埃（F. Perrier）命名的"他异性的公务员"。

与医生沟通时，部分是匿名情况。事实上，多变的匿名在此处披上了职业机密的外衣，被法律或伦理所保障。如果对医生说话时，我们说出自己的名字（当然不是必需的），几乎可以确信这个名字在这一次会面外将被抹去。匿名，貌似在我们的表征中被拒绝，事实上却在某些情况下被组织化、被合法化。在这些情况中，我们相信某人可以充当摆渡人的角色，同时试图帮助您去解决两个世界中的无非类比。

如今用来沟通（以及用来转换）的机器衍生出一些不固定的网络，彼此陌生的人幽灵般地相聚于此，有时处于这种摆渡人的角色（这是其中一种可能性，并非他们唯一的角色)。他们可以借助彼此入门身份游戏,或者说身份与主体间性的伪装游戏。在最简单的层面上,可能是探索话语自由的冒险,这种话语被一切外在控制的要求所剥夺,一种在谎言与真实中摇晃,将现实与虚幻混淆的不负责任的话语。这种情况下,追寻的不再是对他者的探索,而是对他者角色,以及我反之可采用的角色效果。这种伪装只出现在一种纯粹的模仿中:"我"使得自己看起来成了他者。这是某些短信的情况;通过匿名或笔名,一些人给予自己本来没有的社会身份、职业或性别。选择一个名字,在屏幕和文字的保护下,他们能够更自在地实践一种"文本的乔装打扮",这一乔装打扮被一种完美的安稳甚至某种天真所承担。所有这些情况中,确认仪式的负担减轻了,交流更加自由,可以形成在普通的限制性社会环境中无法想象的关系。"省略身份,就像省略单词末尾的字母一样,有助于建立联系。"

我感觉这种肤浅无害的表象游戏如同陷阱般对游戏者打开。即使幽灵式的交流不会使人受到任何约束,但由于它被剥夺了真实性,甚至支持某种自身的缺席,在某些情况下,它也会产生意想不到的真实效果。这种言语不负责任,经常逆退,被抹杀,这种幽灵般的交流以潜意识的话语形式使他者在主体中出现。他可以是主体事实、他异性突现的精神助产术,却是一种来自主体本身但是失真源头的他异性的突现。这种情况下,幽灵般的沟通与精神分析所遇到的某些过程相距不远。例如,巴林特①(Balint)报告说:他的一位女患者是"言语磨机",直到医生在信中对她所讲主题做了无关痛痒的赞美而改变了她的沟通状态。如今的"言语机器"会引起相同的震荡过程。这些机器给语言以游戏,也因此允许各种各样的游戏,其中只有他者唤起的在场充当了自我揭露的借口。

我刚刚快速描述的社会征候不值得如此多的关注。大部分观察者将之看成一种反常(anomalie)或一种没有未来的现象。在这些社会实践中有"隔离区"的面貌。但我相信这些实践属于深刻的群众运动,人们在消费或都市生活中观察到其发展。幽灵性是一种存在方式,它将在大体上改变社会政见、行为与关系,远远超越科技装置,超越沟通方式的用途。在这一普遍视角下,人们可以运用所有感官玩味"幽灵性"这个词。在"幽灵"中,有好多回响。

首先,一种真实的回响变得模糊,变得幽灵般。这便是"幽灵"一词的首次回响。身体的在场变得隐蔽、逐渐消逝,相应地引起对越轨、分裂、游荡的恐惧,对禁忌的侵蚀,引起新型驱魔咒的出现。这也是面具、进展、减速的回响,在这个时刻,我们进入另一种表意机制的领域,它如同白光下的光

---

① 迈克尔·莫里斯·巴林特(Michael Maurice Balint,1896—1970),匈牙利精神分析理论家;他创建了"巴林特小组",小组以培训和研究为一体的模式,探讨医患关系中的主体间性问题。

谱,这种光谱用诸种差异的离散性替代了表面上的统一性。正是这一含义我发觉最为丰富。这两种感官的起源在其他地方有联系:通过适当的光学实验,一个虚拟图像(没有实质性)突显并分散在颜色的层次上。

在玩味这两种含义区域伴随着各自的含义时,人们可以如是说:一方面,不真实的(或至少是从身体或鉴定程序中逃离出的)幽灵,引起了恐惧,因此引起各种驱魔;另一方面,一个个体分解成许多元素、各个方面,零星表达给别人的能力、拥有几何形状关系的能力,这使他们在没有共同标准的情况下,能够了解宇宙中摆渡人与游戏的功能。成为幽灵性,是多面的,在通信接口中只能使用一面。比如,在寻常的社会与职业世界中。在其他地方,人们可以呈现非常不同的方面,面向"亲近之人"、面向"家人""朋友"和"陌生人"。因此,指定一种身份,在某种程度上是逃避的,逐渐分开的。在我看来,这代表了自70年代以来的重大社会变革。至少在我们国家,这是两种现象结合的时刻:这些表象在1968年"五月风暴"当中江河日下,这些表象可谓某种哀悼,它从某种传统共同体中走向终结——根据某种传统的社会性,这种共同体曾以在城市中重建村庄为使命;这些表象也可谓某种经济危机,它反常地强化了增长、效率、竞争的必要性,经济危机实际上是作为意识形态的经济的胜利。从那一刻起,增长及其影响就变得遥不可及,群众开始玩双重游戏。一方面,他们明智而冷酷地玩着经济竞争的游戏；另一方面，停止梦想不可能的共同体去创造另一种社会性。

因此在超越了对"五月风暴"的哀悼的同时，我们也从先前的经济秩序中倒退了。所有这一切都允许我们探索一种新的社会性形式，它最终接受我们在社会世界和亲密世界之间的二分法。这种最初的二分法可以在无限远处产生其他。就像在胚胎发生中一样，一旦进行了第一次还原，它就会在无限远处繁殖。同样，学习玩双人游戏会产生多面光谱。

我将这种现象作为一个征候，我将借鉴弗朗索瓦·杜贝（François Dubet）对青少年的研究，该研究表明，在某些情况下，尤其是在异常情况中，青少年不久前以帮派的形式（70年代的黑夹克）重构了社区。而今在相同条件下，不再是重组的帮派，而是难以表征和识别的实践，这些实践没有重构出新社区，被访者将之称为"苦役"。这种情况说明了光谱实践。

实践的水平实则大相径庭：青少年利用成人世界，利用在城市中可以找到的基准，有时还包括教育和社会援助机构，但他同时可以发明犯罪，在所有寄存器上毫不费力地玩耍，而不必试图重建一个人造单位。这个世界与帮派乃至黑手党等传统网络的世界完全不同，后者反过来构成了社会关系。

的确，今天甚至出现了帮派——社会现实是一种地质类型,地层彼此起伏变形——但如今这些帮派与过去的完全没有可比性,它们不再概括青少年的一切社会性,帮派和苦役可以共存。

总之,光谱性不是主体的毁灭,也不是消失,而是离散。布朗肖(Blanchot)在论福柯时强调了这种离散:"主体并未消失:它的统一性太坚定了,这引起了疑惑,因为引起人们兴趣和研究的是……离散,不会消灭它,但只会给我们提供身份的多元性和功能的不连续性。"(《我所想象的福柯》,法塔·莫加纳出版社,1986年,第29页)

这种离散开启他我多样性(alteritas)的体验、常常无足轻重的差异的体验,也有内部组件(包括无意识组件)多样性的体验。换言之,这些同诸多他我幽灵式的交流,并非与其他异性的直接相遇,尽管一些情况下仍会如此;但它们有助于自我多方面的塑造,在主体内部带来改变和他异性的影响。它们也导致社会性的逐渐转变:正如马克思所说,我们不再是我们产品的产品,而是我们虚拟或真实关系的产品。这些实际上是身份、功能、干扰的多样性,它们优于识别的主体并将之分散。它使我想起巴什拉的一句话:"不是存在表明关系,而是关系表明存在。"①我更倾向于说光谱关系的离

---

① 加斯东·巴什拉(Gaston Bachelard,1884—1962),法国作家、哲学家、科学家、诗人。这句话原文是"Ce n'est pas l'être qui illustre la relation, c'est la relation qui illumine lêtre"。

散存在。今天的可交换社会性更多地基于广义的"关系主义",而非失范的个人主义。甚至有可能如今被谴责为过分的个人主义、恋已癖的东西,首先是一种补偿,是一种阶段,旨在帮助主体在参与和经历中介(médiation)时抵抗自身的分散,帮助其最终挽救统一性的表象。

让·鲍德里亚

我很喜欢"幽灵般的"(spectral)这个术语,但是该词在两种词源学上的版本不怎么相容,因为既存在一种魂魄般的幽灵性(une spectralité fantomatique,属于魂魄的、离体灵魂的东西),也存在一种棱镜分光的光谱性(une spectralité prismatique),后者是光线中不同色彩折射而得的东西,或是属于"个体"诸方面的东西。

魂魄般的幽灵性同某种分离相关;它是离体的灵魂,它背后是二元论,它是伴随着某种来回缠绕着你的旋律的、极为独特的他者。这种幽灵性被空无和死亡所缠绕。

然而在个体不同角色和方面的多重化情形里,并不存在这些缠绕,相反,光谱性不再寄居于某些物事当中,它完全是向外推展而得的,是外部性的。倒不如从多重分支的角度来思考它。它是某种存在的样态,其中四面八方地遍布着许多凸起。因此还是存在着某种运作于两部分之间的分离。但这恰好是有意思的地方。与其说它或许不是某种解释型的模态，毋宁说它是某种幻象式的模态，因为只要这一模态坚不可破，幻象就会矛盾重重并且围绕着某个**名称**（nom）运作起来。"光谱性的"这一术语确实如此坚不可破。

我还要围绕着这个含混的地方多评论几句。你在一开始所建构的谱系学空间当中，将光谱性追溯到伪装、狂欢、假名，在这过程中你并不是前后矛盾，而是表述含混。我想这一表象的游戏、这一事实上围绕着伪装所展开的策略，并非是基于灵魂的透明或离体。这是一种根据某种游戏规则而进行的游戏，它并非某种真切的违犯。在现代语境里，我们从违犯概念回撤，把假名视为形变的游戏而非灵魂离体的游戏，它不再建立在某种透明性或者某种身份的遗失上。身份问题也不再以某种确定的方式表现出来。这是一种在表象之网当中的衍射。我不知道我们是否能够据此把握光谱性的原初意蕴。此外，你当时做了个跳跃，一下子跳到大众媒体问题上。或许说成是突变会更好些。你从一种地方性的、片段式的、有一些边缘性的现象跳到某种普遍化的现象。这是不折不扣的突变，并且很难把两者协调到一块儿，因为它们并不在同一层面。一种是在象征装置的层面——伪装；另一种，你自己也说，是在拟像装置的层面——人们扮演他者，人们模仿那些完全不同于他的物事。在表象的游戏里，人们带着某种游戏的意识成为他者，当他自我衍射、自我挥发的时候，所有的问题在于：他真的成为他者了吗？正如你所说，他只是模仿。两者总是同一个事物吗？

另一方面，我的疑惑在于那些制作涂鸦的人。事实上他们既非团伙也非黑帮。他们几乎是独身者，他们在地铁上或是脚架上逐个地被分隔开来，完全不是某种违犯性的集合。他们的目的不是倾覆，而是在纯粹围绕某个**名称**展开的游戏中自娱自乐。他们所追求的恰恰不是匿名，因为相反，他们不仅写下名称，并且常常写下的是他们自己的名称，也写下代号。他们同时在脚手架、传播媒介、地铁中被分隔开来，并且被编码、代号、创制出来的名称所逐个地分隔，而且这些名称在其表象中是完全不稳定和变质的。涂鸦的书写是重要的，但它也是完全不稳定的。事实上，这是一种以编码运行的原始游戏。它也并非表现为基于失范暴力①的攻击性团伙，而更像是病菌所构成的空间。它是某种病菌式的、原子式的、被原子化了的行动，比起直接性的攻击，它更多承载着的是不稳定性。比起失范，它更多基于反常而运作。

诚然我完全赞同你将光谱性视为一种幻象装置的说法，

---

① 据说失范暴力(anomique)系涂尔干在《自杀论》中使用的，表示社会规范的失效，它是一种宏观视角的关注。下文对应的 anomalie 一词或许受到福柯的启发，它更多是从个体、微观的视角来审视，如疯子、麻风病人等。

尽管没有理论化，但经得起推敲。但我要就名称、身份、身体在场性的退却提出反对意见。我们因此解放了？不错，我们从同强大的象征装置的联系中被解放出来。但这种解放以何种方式构成自身？流动性、虚拟性，正相反，我们完全成为了编码的人质。

当我们从自己的名称中被解放出来，我们反而更加依赖于伪装、记号，依赖于被编码测定的记号。在那个时候，就只存在某种编码和数据的旋进了。在迷你终端或者电话机的一切运作中，我们很好地看到这一点。所有的这些媒介都需要某种由编码所重新确认的旋进，或者某种基于编码的索引，某种基于已有知识的重新确认的旋进。我们不能认识自我，我们也不能因此试图认识自我。

问题在于编码的全能。编码不仅仅是以某个代号为名所宣示的事件，而且是诸系统机能的技术矩阵，该矩阵支配着编码的浮现与隐灭，这不同于因凭某种名声所进行的语言的纯粹运作的情形。我们越是摆脱身体、身份、名称的束缚，我们就越是被某种编码（codage）或者令人怖惧的超编码（surcodage）的镜头所迷惑，这并非道德判断。

此情形关乎社会性（socialité）。它不是社会（société）。通常后缀"al"〔对比社会、社会性；功效（vertu）、潜能（virtualité）；形态（forme）、形式（formalité）〕表示离体的意味。与社会相比，社会性的意思是，人们不再身处社会交往

(le social)当中，事实上正相反，这种交往属于社会性的范畴，它不是社会的某种新形态。

他者是否存在于此间？倘若我假扮他者，在这时候，他者也不过是被假扮的表象，它揭示了一些编码，也正在这时候，它完全同编码混同起来。编码即是大他者(le grand autre)并且在此也不再有小他者(autre)。正是编码决定着他异性，但它完全是人造的东西。

这便是我对以上假设之演绎的反对。该假设展开得挺好，你宁愿在匿名、失常中看到主动分配、主动衍射的那个方面，但你没看到在两者的历史当中，其背后存在一个大他者或者一个幽灵般现身的他者，这种被称为编码的他者，在其中也不存在律法或限制。在某种意义上，它是不受指责的，因为这是一种将自己名称隐藏起来的矩阵。它不像名称是某种形态，而是某种程式。它或是技术性的，但并非决然如此。比如基因编码，它不再是通过某个契约与否的事情，我们不能同自己的编码交流，而是编码使得我们可以交流，它是所有物事的前提，它也是所有剩余物事的归宿。在所有的运作之上，存在着某种编码旋进。因此很难找到他者。从编码的这个方面来看，或许不再有他者了。

马克·纪尧姆

　　承认这种编码旋进有着将谈话者类型化或者使得互动极其刻板化的风险。长期以来，我们指责交流机制的人造物（artifices）导致交流内容的贫乏。在其限度以内，当我们在交流的机器、自动体系的在场中重新发现自己时，编码可能总体上是潜在性的：我们尽管在外表看来是同某人说话，但事实上当时是在"激活"（active）某个程序性机器以便"回复"（répondre）——或多或少这取决于程序员的才智。在这个案例中，事实上实打实地存在着一种编码和交流机制的旋进（以及程序员的旋进），至少不只有单方面的拟真。

　　跟这个例子相近但不同于它的另一个例子是，倘若我们把同质化和刻板化结合起来考量，我们的目光聚焦于色情书籍。但是，这种聚焦并非必然性的。总是存在着如是的可能性：一种微不足道的真切书写、挑战、他异性浮现出来。交流机制的人造物自身构成某种工具式的幽灵，我们得以在它们间选择。我们能够在任何时刻改变交流方式，交流机制可以变得不那么幽灵化。借助于迷你终端，我们拥有了一些建立在某个书写空间之上的互动，这一空间可以最终拥有某种色情文学的形象（借助德勒兹的术语），并因此使得这些互动更为真实。

从这些情境出发,我们接近于马索克①所采取的方式[参见德勒兹为《穿裘皮的维纳斯》(La Vénus à la fourrure)再版所作的序言]。马索克试图从某种虚构的文学情境——从受其时代限制的技术性手段、杂志上的小广告、伪装、阴暗的卧室等当中寻找他者。马索克的他者不只是某种特定类型的女性,而是某种独特的混合体,因为它在发生互动的豪华包间中承载起自身文学起源的轨迹,承载着将马索克的浪漫想象投射到他自己身上的爱欲使命。

让·鲍德里亚

我们可以发现那种我们在言语当中拥有的可能性并非编码,最后它也不是编码-公式,而是形式。我将不把沟通称为这种类型的交流,因为每种语言的交流重新落回其接受、其单一表意(uni-signification)的问题。因此,并不存在这种内在悖论,这种类似的悖论也存在于交流机制当中,事实上你在这里说:我们交流得越多,我们对交流的破坏越多;最

---

① 利奥波德·冯·萨克-马索克(Leopold von Sacher-Masoch,1836—1895),奥地利作家,其作品中透露出受虐狂的倾向,后来其名字也成为 SM(sadomasochisme)文化的代名词。

终，我们交换得越少，我们应该更多地交流。这种耗费也应当被更多的交流所修复。交流这种自我指涉（autoréférentielle）、自我损耗（dévorant）的回环在此终结，或者说它无法比编码、发挥作用的网络更能维系自身。

你的论证并没有抽搐着超速行驶（emballement tétanique），而总是在语言的符号使用上四平八稳（métastatique），因为里边存在着一种来来回回和可相逆转的时间性，这使得在交流机制当中缺乏编码和网络的这种整体性赘生物（excroissance）。诚然，交流机制是一种赘生性的、无穷尽的和无孔不入（tentaculaire）过程，它自我吞噬（se dévorer）而不可逆转（se reversibiliser），并且不可挑战代码的权威。同时它表现为一种不可跨越的界限：你所说的交流机制的全部，囊括了它或有可能成为的全部技术设备。它们的公式、它们的本质是不容变更的。但是语言是一种形态，并且我们能够通过这种形态游戏。这就好比那些伪装，好比那些我们曾经在伪装和光谱性之间所看到的某种差异。然而面对所有的现代交流机制所赖以建立的技术义肢，就其同样的技术性和本质而言，我们什么也不能改变。

你打算在多重化，在速度、瞬时性和无限潜在性的空间中寻找违犯行为（l'infraction），在我看来并没有改变什么本质的东西。它不过是同一个事物无限性的多重化。这就回到媒介先行的问题。但是或许那里存在着可能的违犯行为和对编码的违犯。

马克·纪尧姆

我在这样的事实中寻找违法行为：最开始我们就处在某种人工制造出来的陌生环境中。我们同某个人说话，这人是纯粹的陌生人。在荧屏上相逢的人工局外人，这是西美尔的理想型，这种人是为了他者而勉强存在的，因此我们能够将之转变为一个知心人，或同时作为一个共谋者。这种融合的运作能够在（技术的或者社会的）编码中实现，这些编码在我看来是游戏，是在语言中发挥作用的"骰子"（coups），尽管这骰子是由电脑协助而掷出的。

他者，别处

马克·纪尧姆

　　让我们重新从一种对异域情调形态的探索出发，对于这种异域情调我们可以在地理学上予以定性。我们能够在地球上找到什么类似于异域情调的残余物的东西呢？地球在提出丰富多样的、时而真切时而扑朔迷离的他异性模式之后，似乎自我封闭起来，它变得不再能够生产未知——首先是未知的土地，随后是那种真正具有差异性的社会模式。换言之，在野蛮人和原始人仍有事物待发现的时期后，是一个大地成为一个球、旅行（le voyage）结束而观光（le tourisme）开始的时代，即我们只能在一个已经熟知的世界里转圈的时代。

　　这个改变在 18 世纪加速发展且趋近完成。此外，工业化的契机使得财富稀缺性的意识形态出现,最终,这个时代的他者(Autre)也变得稀缺。如同所有的稀缺性,它暴露、表现为某种相反的征候,这种征候是异域情调的模式。此外,"异域情调"这一术语只出现于19世纪。当然,对于生产、对于遥远民族习俗的兴趣,是更为古老的东西,它可追溯至大旅行时代,但最终到19世纪,异域情调的灵感才在文学和艺术当中处处增多。在我看来,这是预示他者在场之衰退的最后索命符。

在接近1900年的这个转折点上,谢阁兰因此写就了这本有关异域情调的书,写下充斥着大量苦难的文本,这也未必是一本书,而是一本书的写作纲要、一种日志、一种意图的宣告、一个计划、一些笔记;这本书的原创性最终落在对日常异域情调的憎恶、对观光和虚假探索者的憎恶当中。谢阁兰从随处可见的虚假探索者开始观察,并试图提出一种原创的、走向他者的方法论。

这个出发点在我看来是合理的。它已然被鲍德里亚所采用,我对此并无异议。我甚至要说,那些物事较之谢阁兰最开始的判断,变得更加强大和更加牢固。

我们同他者(其他国家、其他种族或者其他性别)的联系已然完全改变了。不再有由宗教、仪式或禁忌等事物所调节的象征性对抗。它将达到某种毁灭性的真实对抗:"既然你同我不一样,我便排斥你或者我便杀了你。"西方社会已然通过殖民化或者文化上的同化，反过来化约他者的现实性。因此它们已然化约了那些他者当中根本异质、完全不可通约的东西。

因此，在一个物质已然相对丰裕的世界里，我们可以说真正的稀缺性就是他异性。然而或许对抗这种稀缺性的唯一方式，就是发明一种他者的虚构（fiction de l'autre）。我引入一段小插曲来提供一个例子，它关于某种游移（oscillation），这种游移位于一种真实的稀缺性和一种虚构的补偿性之间。我不打算进一步阐明这个小插曲，但我会提出一种可能的外部探索的标尺。萨德侯爵的作品是一个关乎补偿性虚构的例子。当一种贵族式的他异性变得稀缺，萨德做了什么？他创造出至高无上的男主人公，一个绝对的他者，尽管是虚构，但其将以自身的孤独取代并同时超越法国旧制度时期（l'Ancien Régime）的绝对主权。

旧制度时期的绝对主权是一个男子，由于他被象征性地标识出来，所以是过度权利的委托人。这至少是我们能做出的假设。他尤其拥有性的权利（国王或者领主），这在萨德式的虚构中得到赞颂。

这个观念——这也不是我的观念——揭示出当实在主权消失的时候，它被一种源自纯粹文学虚构的存在所替代。当然，文学虚构有很多自由，它能够抛开重负、抛开责任地探索，我并不认为它能够成为某种真实的异域情调的支撑，由于缺少对象。

因此，从虚构来超越稀缺性的道路，最终是一条错误的道路，异域情调的文学作品是一条死胡同。我要说我们只能够通过如是的方式来有效地对抗这种稀缺性：建构我称之为"混合虚构"（fictions mixtes）的东西。它是如是的东西：它从某种现实开始建构，随后被大量的想象、虚构所刺激。比如，历史将是它的储藏库，毫无疑问历史是异域情调混合虚构最大的储藏库。当我们有更多客观的他异性时，我们能够通过这些由过去建构起来的混合虚构、通过某种历史的旅游，来滋养异域情调的需求。

我打算研究的例子，是关乎地理起源的混合虚构。它是从我们所主张的地球上的地理、文化和民族出发所建构起来的，它是一种赞颂他异性的虚构，或者更准确说来是一种适合于生产它自身的那些东西的虚构（每个时期以同样的方式被建构起来，它是立足于那些更早的时期、自洽的混合过去所遗留下来的痕迹）。

要充当不同文化所展现出来的储藏库并不容易。这一操作拥有某种混合的自然性。比如，它无关乎发明或提出一个完全想象性的摩洛哥。它也不关乎采取一种人种志的立场或者对现实细致的描述。有趣的地方在于，观察我们在某个时刻如何扭曲现实，尤其是在某个对他异性的探索中。

大多数以往所做的尝试、大多数当前提及的旅行的叙述,除了赴日本的观光之外,都没有产生多少有趣的东西,在此意义上我大胆地说里边存在着删节。不过当然,比如我打算在某种混合虚构当中建构有趣的东西,便既非想象中的日本——这完全不会使得人们感兴趣——也非真实的日本,后者完全是不可接触的,而混合虚构是个缓冲的空间。我还是有必要触及这个认识论问题,我该从这说起:这或多或少是精神分析师的立场,他不能抹去患者的单一性,也不能够不根据最低限度的科学标准来对待病人。这就是将建构起我所接近日本的路线的缓冲带。我并没有只能够明见性地将这个国家视为一个储藏库,在其中我将试图向你们展现它是独特的,这是因为它具有一种确实能够通过他异性的联系来建构起某种关乎我们的联系的可塑性。

首先,你们会认为,我屈服于流行的观点,因为不少国家的不少人已然生产出数量繁多、质量不等的有关日本的文本。因为它的经济和社会组织、它的技术、它的历史、它的文化或者许多特点(并且这些特点往往更多地为西方世界而非日本自己所欣赏),能够有效地滋生出极多的虚构。

比方说存在着专家的日本(Japon des spécialistes);感性的日本(Japon sensible),它裹挟着皮埃尔·桑索①有关法国的印象,这些印象是为了将居住在此地的人安置得井井有

---

① 皮埃尔·桑索(Pierre Sansot,1928—2005),法国哲学家、社会学家和作家,著有《城市诗学》(*Poétique de la ville*)、《感性的法国》(*La France sensible*)等。

条。还存在许多种文学的日本(Japons littéraire)、许多种"日本字"(Japons-idéogrammes)。我接下来还要说,这些日本是刻板化区隔的空间,就其经济以及尤其就其社会联系而言,它既充当模型也充当反模型。但这完全不是我所定位的层面。这些是普通的、有价值的储藏库,对于所有国家而言都是如此。

我认为还存在着更高的层面,也正是这个更高的层面使得日本这个储藏库具有特殊性。诚然,这种类型的魅力近来在苏联、美国、中国这些国家也能出现,这些国家同时保持如是的刻板印象:即将到来的革命、有待模仿的模板、有待填充的先驱。对于日本来说,这种魅力永存不朽;而且其魅力是普遍的、持久的、强制的、富有激情的,我们能够把这一事实解释为某种意味深长的征候。倘若我们懂得解读和解释这种魅力,我们也将从这里寻找到我们文明的贫困与希望。这就是我们最终聚焦到某个问题线索上,这个问题暗含着我们迄今已经展现出来的东西,需要知道:什么是他异性?我们以何种方式需要它?

我打算试着论证的确存在某种坚实的核心,它隐藏在那些刻板印象背后,是根本性地不同于我们之所是的东西,同时,通过论证我希望能确定我们是如何借助某种特定手段将其建构起来的。也就是说,他异性更多是建构而非发现的东西。这便是我们最终所聚焦的谜题的线索:"可是在成为他人的时候我们有什么？"直到现在，我们已经有了普通的他异性和本质的他异性两个概念。但是你们很有可能自问，从一开始，为什么我们对他者感兴趣，我们在做什么？这是一个我们将能通过某种哲学或心理学或其他的方法来正面应对的问题，但是我们还没有把它提出来。在此我希望我们以一种考据学的方式，来发现我们已然着手探索的东西是有一个确定的结构的。这便是对象。

因此它析离，如同化学中那样，在不可胜数的想象性日本（这些想象是因国家、因建构它们的人群、因视角而各不相同）当中，析离出几种不变的理想型，而所有的想象性虚构都由它们的混合而形成。面对大量的化学混合物，我将研究其基础元素，碳、氧等，这些元素能够让我们发现所有的分子。

我主张区分出四种理想型。第一种理想型，我称之为"末世论"（apocalypse）。说日本是由这种末世论式的理想型所滋养的，完全是因为日本最终同其晚近的历史相联系，这种历史指向一个新时代，按我的理解，文明的新时代，核能量的末世论是这时代的边界，一种全面毁灭的边界：即便如今这还是一种想象，核能量所带来的末世还是会成为可能。

广岛和长崎对于全世界来说都是这种末世论的象征。它们也意指着在灭顶之灾后，通过国家快速纠正的方式，借助以某种祈福仪式保存记忆的意愿，在核威胁中生还并且在其持久的威胁中生存下去的可能性。这种威胁让我想到被某本日记所震惊的卡内蒂①,卡内蒂重新誊抄这份日记,它是属于一位在广岛爆炸中生还的医生的,这位医生在他残余的岁月里,已然试图着保存那些已经逝去的居民的记忆。这也让我想起弗洛伊德于1929年在《文明及其不满》(Malaise dans la civilisation)的末尾所写下的话:"人类对自然力量的控制已经推进得如此之远,以至于借助这些力量,人类自相残杀乃至剩下最后一个人变得容易起来。他们心知肚明,这也是他们当前的不安、不幸和焦虑心态的大部分缘由。"

事实上,按照"地圆说"的证明,这里所提出的证明其实是某种世俗有限性(finitude temporelle)的产物。我们的存在是有可能被终结的。因此,也在这里,这种有限性的感觉催生出他者的稀缺性,我接下来要说明这一点。同样根据地圆说的方式,地球在时间中是有限的。那么,日本象征着面对这种有限性时所实施的某种违犯,对生活在此处、对同这种威胁共同生活的违犯。这便是第一种混合虚构的补偿,它是现实与我们自己的投射、我们自己对有限性的焦虑、我们在这种有限性思想中生存下去的意愿的混合物。

这种日本的想象是某种末世论思想的担保,或者某种能

---

① 埃利亚斯·卡内蒂(Elias Canetti, 1905—1994),1981年获得诺贝尔文学奖。文中所提及的日记,可参见卡内蒂论文集《言辞的良心》(The Conscience of Words)。

够预测末世及其越界的思想的担保。比如说,让-弗朗斯瓦·利奥塔①孜孜不倦地以"人类只剩四十五亿年可活"的隐喻方式言说着,因为(大概)再过四十五亿年,太阳将爆炸。因循这种末世论思想,他说这种思想使得我们更好地思考某种元思想(métapensée),我们必然要完结,倘若我们想要生存,应当思考我们思想的越界性——他举了蚂蚁窝的例子,只须一步踩上去,蚂蚁窝就被摧毁了。

这便是利奥塔要在太阳和其有限性中、在我们以某种公认的更为确切的方式来对比和定位的日本中所要探寻的东西。这种方式便是末世论的思想。

让·鲍德里亚

我打算做一点评论:当卡内蒂分析广岛的核爆炸时,他已然做了这样的类比,他说事实上,这种灾难仿佛我们成功地将太阳引向地球,我们在这场爆炸中灭亡。在这个时刻,原子弹变成这一真实的、未来的事件的隐喻。

---

① 让-弗朗斯瓦·利奥塔(Jean-François Lyotard, 1924—1998),法国哲学家,后现代主义批判大师,作品有《后现代状况》(*La condition postmoderne*)等。

马克·纪尧姆

事实上,卡内蒂在利奥塔、弗洛伊德和日本之间建立起联系。现在我们从这里过渡到第二个部分:**技术的规避**(évasion techique)。

追随弗洛伊德,我们也能够在技术和他异性之间建立起某种联系。在《文明及其不满》的开篇,弗洛伊德引用了诗人格莱伯[①]的语句:"显然我们不会坠入世界[②]之外。我们一旦身处这个世界,便永远在这里。"按照他的说法,正是这种形影相吊的忧郁,这种其他本该在场的人不在场的孤独形成了宗教感的起源。这便是有限性,脱离这个世界的不可能性。

他异性,事实上是另一种思维方式,拒绝这种有限性思维的方式。技术提供了一条在世界之外选择、思考其他世界、将其他世界现实化为某种拟像(simulacre)的途径。

举个例子,60年代的技术,以及尤其是那些由"美国梦"所表露出来的技术。从这个视角来看,60年代的美国等同

[①] 克里斯蒂安·迪特里奇·格莱伯(Christian Dietrich Grabbe,1801—1836),德国剧作家。所引句子出自剧作《汉尼拔》(*Hannibal*)。

[②] 在法语当中,le monde 兼具"世界"和"人"两种意味。

于今天的日本。用欧吉妮·莱莫里因-卢乔尼①的话说，这便是一种"航天梦"。这曾是一条通过征服我们周遭空间来直接逃离世界的路途，但如同我们今天所看到的那样，这曾是一种贫瘠的梦想，它不过只能排遣这个有限世界的时间。

存在着设想现实的技术性日本的可能，它打开了更广阔的视角。现实的日本在大多数的尖端科技方面，尤其是在信息技术、符号综合技术、通信技术和生命工程技术方面，以其稳健的发展超越了世界上的其他国家和地区。日本生产人工制品，生产拟真物，生产自动化器械，这些东西最终提供了扭曲真实及其界限（时间、空间、肉体的界限）的幻觉。并且这最终也是一种"醉"（ravissement），逃避世界，逃避真实，它勾勒出逃避感觉的轮廓。尤其是我们所谓人工智能的发展，使得我们惊诧不已，并迫使我们发现和因此消除了我们所留存的最后一块**未知领域**（terra incognita）的神秘性，即我们大脑和思想的运转过程。

诚然，人工智能对最后一块未知领域的攻占，其想象的成分多于现实的成分。我们还几乎不能探索我们大脑内部的运转过程。我们早就从无意识开始探索，这使得弗洛伊德提出第三种耻辱（主体并非内在于人的支配者），但是有意识

---

① 欧吉妮·莱莫里因-卢乔尼（Eugénie Lemoine-Luccioni），女性主义哲学家，著有《女性的区隔或女性的命运》（Dividing of Women, or Womens Lot）等。

的智能，其自身还是一个谜。

因此，内在于技术性日本的，是一个真实的航天梦，它使我们着迷，同时也强化对有限性的恐惧。它也因此是歧义性的：日本证明了世界已然被终结，并且它能够被开启。末世是终结的出场，但我们能够在此生存下去。技术性的日本使得海德格尔所提出的技术的问题被激化，即最终我们不仅使得自然被掌控（arraisonné），也使得人类被掌控。日本提出这些的同时，也主张说这其实没有那么严重，我们还能生存。

从这个视角来看，另外还存在着一种关乎文化适应过程（该过程展现出逃避所带来的诱惑力）、关乎稳定性和关乎对世人之爱的日本式策略。

我们可以举一个例子：在筑波举行的世界博览会，最终其主题为——最具未来主义色彩的技术既不反对自然，也不反对文化，更不反对艺术，它拓宽了这些领域。我相信这是一幅为日本以及为大部分西方国家所青睐的图景，这是一幅技术培育园的图景，在其中海德格尔所宣称的辩证颠倒（renversement dialectique）的希望生长发芽，在其中技术将敞开其狂热、揭示其自身的本质——这一本质最终来说并不那么远离艺术和诗。

筑波，是物质化了的、被展示出来的海德格尔的辩证颠倒之梦。比方说，群鸟在林中唱歌的拟像，漫画式地说来，便是被瓦尔特·迪士尼①所幻想的海德格尔之梦。世界终结了，技术已然检视着人类，并且同时，我们能够相信其后果并非那么严重，我们能够适应于这种掌控。

在科耶夫②的指引下，我现在要谈及另一个主题。如同你们所知道的，科耶夫在其集中论及历史的黑格尔式终结的课程中，对30年代的法国知识界倍感失望。让-玛丽·贝尼耶③那本写的极其漂亮的书（其名为《不可能的政治》，书中谈及科耶夫的绝望对巴塔耶④的影响），极好地展示了科耶夫对于当时法国知识分子所施加的毁灭性的、腐蚀性的、绝望式的影响。

科耶夫1959年以经济合作与发展组织（OCDE）官员的身份进行访日旅行。在此期间，他发生了某种转变。他背弃了原先的想法，这种背弃以《黑格尔课程导读》(*Introduction à la lecture de Hegel*)第二版注释的形式表现出来。该版本唯一的改动就是加入这个注释，大约占了两页篇幅。因此它是一个尤其明显的标记：您在十年或十五年后重新修订某本书，并且只加入了这一个注释。整本书都沉淀于这个注释当

---

① 瓦尔特·迪士尼（Walt Disney, 1901—1966），迪士尼公司创始人。
② 亚历山大·科耶夫（Alexandre Kojève, 1902—1968），生于俄国，他对黑格尔哲学的阐释影响了一大批法国思想家。
③ 让-玛丽·贝尼耶（Jean-Marie Besnier），著有《不可能的政治》(*La Politique de l'impossible*)等。
④ 乔治·巴塔耶（Georges Bataille, 1897—1962），法国文学家、文论家和哲学家，著有《内在体验》(*L'Expérience intérieure*)等。

中。第一版出版于1939年，第二版出版于1968年。

这个注释并非完全不重要，它表达出过去十年所持的那种失望态度的转变和背弃。我不会完全地给你们朗读它的内容，因为它占据了两页小字符的篇幅，它因此太长了，但是我将摘录一些重要的点。或者说得更准确些，这并非真的是加到文本上的某个注释，而是注释的注释；原来的地方已经有一个注释了，该注释被拓深了。

我在此摘录一部分第一个注释的内容，它确认了历史的终结，此外它是对我要展示的绝望的总结："1948年到1958年之间对美国和苏联所进行的许多对比式考察给我如是的印象：倘若说美国构成了富裕起来的中国-苏联的形象，这是因为苏联和中国不过是仍旧贫穷时的美国，它们还处于快速富裕起来的道路之上。我已然总结过，'美式生活'（american way of life）是适应于后历史（post-historique）时期的生活类别，美国在世界当中的现实在场预先描绘出人类总体之当下的永恒性未来。因此，人类向着动物性的退回不仅仅表现为某种仍旧有待到来的可能性，而且是一种已然在场的确定性。"

我们可以承认说，在美国社会当中、处在历史的黑格尔式终结中的普通人，不管其是否意识到，都不分青红皂白地认为，一个功能化的、功利主义的世界是一个封闭的世界，这个世界不再具体地呼唤一个供人类超越的向度，否定其自身所是的向度。因此，历史的终结产生出这种抑郁情绪，利奥塔把这种抑郁情绪称为后现代性，它既非现代性的延伸也非超越。

总而言之，科耶夫简单地基于其哲学基础、基于其官员和经济学家的视角来观察中国、苏联和美国："你们看见，历史的终结不仅仅是可预见的，而且是就在那里的。"我相信以某种特定方式说来，这同普通人持续不断地预见的东西是紧密相联系的。

但是这个关于注释的注释还有更加有趣的地方："由于最近的一次赴日旅行（1959年），我根本地改变了这种看法。我能在这里观察到一个就其类属而言独一无二的社会，因为它是唯一已然拥有将近三百年历史终结经验的社会，换言之，它没有一切内部的或外部的战争。又可以说，在不仅是为了劳动而开展的斗争中，这些始终不停地以其生命为冒险的、高贵的日本人的存在，并没有超出动物的地方。后历史的日本文明沿着同美国道路截然不同的道路前进。但是**附庸风雅**（snobisme），面向一个纯粹国家的附庸风雅在此创造出了面对自然或动物性定在的否定性原则，这些原则以历史性行动（革命性和战争性的对抗）、以义务劳动的运作方式，可上溯至日本或其他国家的诞生。诚然，日本具体的附庸风雅的顶峰，比方说能乐戏剧（le théâtre nô）、茶道仪式、插花艺术，无可比拟地成了（以及仍然作为）高贵和富裕的人类的排外性特权。尽管存在着经济上的不平等和社会阶层的固化，所有的日本人事实上毫无例外地生存在某种完全形式化的价值，即一种完全缺乏历史感的人性内容的空虚当中。因此，其极端状态便是，所有的日本人原则上都可以通过这种纯粹的附庸风雅，进入一种完全'非理性'（gratuit）的自取灭亡当中。巫师们的传统佩剑可能被飞机或鱼雷所取代，说得再清楚些，这些东西同在对抗（对抗遍布于从历史价值到社会和政治内容的诸领域）中生活所带来的风险无关。这似乎使得我们确信：最近日本同西方世界之间的互动，在归根到底的意义上不仅引起了日本的再野蛮化，而且也使得包括俄国在内的西方日本化。"

当科耶夫写下这些的时候，那是在 1959 年，我们应当对此表示宽容，我们需要发现这种抒情笔调所带来的震惊，夸张地来说，它们使得我们笑颜展露。我想现在出现的耀西①能够告诉我们，所有日本人真的不再凭借纯粹的附庸风雅而走向某种完全非理性的自取灭亡了。但这是一些操作的规则。我已经在开始说过，我们处在一种杂糅的虚构当中，科耶夫也是如此。他以头脑中的黑格尔穿行过日本的领土，并以某种方式看待日本，这个日本是他自身的虚构，也就是，当然，里头也有一点真实的成分，恰好或许是他二十年来极端

---

① 耀西（Yoshi），是任天堂公司的游戏系列之一虚构角色，其日文名为ヨッシー。

苦恼的投射。我简要地转述下他所说的东西：这是不是一个能够保持人性的世界，它在接受历史的终结后，换言之在还没有发现这种历史转型的死胡同时，能否避免陷入动物性？

我们能否想象一个世界，这个世界最终超越了历史的终结，而又能够保持着人性，既是超历史的又是人性的？我们在某种更为思辨的层面上，发现了由技术和末世论所提出来的同样的问题。我们能否走向末世论、技术性掌控、历史终结的彼岸，并仍然保持着像从前那样的人性？

让我们把那些极端的东西放到一旁，看看科耶夫所勾勒出来的漫画式的日本。他在"附庸风雅"这个术语中看到了断裂，看到了生存的可能性。其实，我宁可使用"风流"（dandysme）这个术语，因为科耶夫所用的术语将造成含混。在时下的理解中，"附庸风雅"往往是在单一性中规定主体性。我相信，科耶夫所说的日本的形式主义毋宁是某种弱义的同一性（sous-identification），是主体消逝于编码当中，比方说在礼节的形式当中。因此，"附庸风雅"这一术语在当下的语境里或许是不幸的、悲惨的，它沿着一条错误的路线推进。我相信，科耶夫想说的（此外也将是被巴特以另一种方式复述的），是主体消逝于游戏的规则中。占据主导地位的，正是游戏的规则。

科耶夫针对"附庸风雅"这一术语做出如是规定，在我看来，似乎这里也是将黑格尔的魅力建立在日本的双重形象上。我们总是发现僵局（des impasses）的恶化以及超越僵局的可能性。

因此，第一种形象，这是一个凭借着超级效率，凭借其征服和经济发展的历史行动，与工业化的西方齐头并进甚至独领风骚的世界。因此，在某种意义上它似乎应该作为某种有待仿效的模式，应该作为该社会的困境和失败的阐释。但同时，第二种形象，它代表了某个根据不同计划，根据或多或少有些神秘的方式，追随其自身古老的道路的世界，因此这种形式主义的理念清空了所有的内容，同时也清空了其中所寓居的所有主体的心理。准确地说来，我相信这一形象给了巴特自身关于日本的虚构以灵感。巴特在其《符号帝国》（*L'Empire des signes*）开头说，他已然体会到，我们社会的结构，尤其是基于符号角度的分析，并不是唯一的可能，并非不可逾越的；日本使我们能够想象一种象征体系，它同巴特所称之为西方符号学、建立在感觉的印象主义之上的体系并没有什么联系。

对于巴特以及所有那些梦想着能够从一个被符指所浸染的世界中逃逸出来的人来说，符号帝国把他们的能力建立在符号的空无性之上。即根本地说来，主体的内容消逝于纯粹形式主义的世界当中。巴特所有的文学批评著作都是基于该视角写就的。

我相信，正是这种形式主义的诱惑给了巴特灵感，该诱惑也萦绕在大部分的日本式（du japonesque ou du japanesque）①的实践当中，如同那些混合于"美式生活"当中的东西一样。

因此，某种差异的可能性，通过对现实或对其律法的置换而得以表现出来，这种置换是通过某种游戏规则来实现的，它是某种类型的书写规则，它恰好使得我们接近于诱惑的世界。在我看来，似乎那些诱惑科耶夫、巴特以及我们中许多人的，最终是如是一个世界：在其中我们青睐于真实的规则。寻常的日本人有没有自杀并不重要。诱惑我们的是寻常的日本人认为这是可能的。我们，我们并不如此认为，因为我们在自己的历史当中从来没有集体地创造出如是的世界：在其中，较之真实加诸的法则，每个人更青睐于自己选择的规则。日本人或许继续如同想象中的那般，思考着一个所有人都认为是那样的世界："我，我青睐游戏规则，青睐在这片基于该游戏规则所建立起来的土地上生活，青睐如同一场游戏般的全部的存在（必要时我能够改变游戏规则），而不是把生活交给建立在征服之上的历史进化所造成的危机。"这便是诱惑的世界。

---

① japonesque 和 japanesque 两词语皆是将"日本"的英文名词和法语中的形容词后缀简单地结合起来，作者此处用以调侃这是一种法式英语的杂糅。

让·鲍德里亚

诱惑在哪里?

马克·纪尧姆

想象孩子们缩在一个角落并且说:"我们在做游戏。"你接受或不接受这是个游戏。倘若你接受这个游戏,你就被诱惑了。你用游戏置换了现实。诱惑,就是吸引,就是使得现实从属于某种形式主义。

让·鲍德里亚

我们或可将真实和游戏置换为另两个术语,它们事实上是律法(la loi)和规则(la règle)。或许诱惑来自不再提起法律诉讼或者掠过整个法律领域(即现实原则,经济、道德、政治、历史原则等),从而抵达某些带着任意性的事物,即规则。诱惑,不外乎是我们摆脱律法,至少是这么个情况:它发生于其他事情之后，事实上发生在游戏之后。但是使律法的另外一方面得以传递的这场蜕变是某种宣示方式：在由形式主义所统治的世界而非在律法当中，如同他者的形象那么生活仍旧是可能的。

马克·纪尧姆

在这个附加的注释中，也有着对于因我们已经找到一条超越所谓历史终结而生活的狂喜的反思。科耶夫已然使得他的听众绝望，尤其是巴塔耶，巴塔耶为科耶夫写下那些狂热的信件，为了超越这种绝望，巴塔耶谈论"失业的事情"（choses sans emploi）——这事实上是从游戏而非律法的角度来谈论的。十五年之后，科耶夫通过这几行注释，实施了某种对律法镜像的超越。

我以第四种理想型结束，它更为具体，在还没有更好的术语表达之前，我称之为**内在他异性**（altérité intérieure），它在日常生活实践中重组那些更为根深蒂固的要素。

奥斯卡·王尔德[①]的一个文本将我引向探求这一有关内在性的理念的道路，它与日本产生了共鸣。我给你们引用

[①] 奥斯卡·王尔德（Oscar Wilde, 1854—1900），爱尔兰文学家，唯美主义代表人物。

几行摘自《意图种种》(*Intentions*,1891)的文字:"倘若你想看到某些日本的事物,没必要去参加赴日旅行团。相反,待在你们的家里,以便沉浸于某些有关日本艺术家的研究,当你已然深刻理解这些研究方式的精神,以及知晓它们看待日本的想象性方式,然后你在某个午后出门,在某个公园里坐下,更好地就是在皮卡迪利街(Piccadilly)上散步,这样你便不会发现一个完全属于日本的事物,你便不会在此发现任何别处的东西。"

这同克里斯·马克①的话相互呼应:他异性不是一个距离的问题,而是跨越边界的问题,这一边界或许完全是想象性和不可见的。

诚然,日本之于西方的形象已然为艺术、文学,以及更迟些为电影所揭示。透过这些形象,那些线索(比方说在性与色情中引向他异性,或者引向日本文化当中许多具体的单一性的线索)显现了出来。这些可以提供某种东方最低限度的色情,如同我们在皮埃尔·洛蒂②那里所发现的那样;也可提供那些导致表面的异域情调以及偶尔导致一些更为深度的事物的东西。作为例子,请允许我引用谷崎润一郎③和三

---

① 克里斯·马克(Chris Marker,1921—2012),法国作家、摄影师、纪录片导演,作品有《日月无光》(*Sans soleil*)等。
② 皮埃尔·洛蒂(Pierre Loti,1850—1923),法国小说家,擅长于描写异域情调。
③ 谷崎润一郎(Junichiro Tanizaki,1886—1965),日本作家,唯美派文学代表人物,作品有《痴人之爱》等。

岛由纪夫①的文学作品，这些作品在西方有着十分重要的回响。

比方说谷崎润一郎对于亨利·米勒②的影响在我看来是十分具有典型性的。在《两种残酷的爱》(*Deux Amours cruelles*)的序言中他写道："日本文学和艺术对我产生的影响是一种混杂的影响。时而我感觉我所读的东西发生在另外一个星球之上，它们所谈论的是一个有待发现的空间，时而它们给我的感觉如同中国给我的感觉那般，是我熟知的东西，是那些我所看过的、听过、体验过的东西，它们是普通人共同的表达，是地球上的所有种族最符合人性、最普遍的东西。"

因此在其文学虚构当中，日本是十分遥远又十分接近的东西，这导致了空间的扭曲。论及这些文学作品和这些电影的巨大回响，我要举一个《感官世界》(*L'Empire des sens*)的例子，他是一部由大岛③执导的电影，它也激发了福柯某些有趣的分析。

影片的末尾结束于某个或许可以解释为阉割的场景。福柯完全不是这么解释的，我觉得福柯有一定道理，因为在

---

① 三岛由纪夫（Yukio Mishima，1925—1970），日本小说家、剧作家、评论家，作品有"丰饶之海"四部曲等。
② 亨利·米勒（Henry Miller，1891—1980），美国作家，先锋派代表，作品有《北回归线》等。
③ 大岛渚（Nagisa Oshima，1932—2013），日本演员、编剧、导演。

历史上，男人的性器官如同男性那般属于女性，同时它作为一种器具，对女性的用途更甚于男性。因此性器官的截断没有阉割的意义，因为性器官更多属于女性而非男性。

基于这些评论，福柯转而论述所谓**性科学**（la scientia sexualis）和与之对立的**性爱艺术**（l'ars erotica）之间的界限。他说，归根到底，不再存在任何一个不把性化约为某种科学、仍然像古希腊（或许也是想象中的古希腊）那样拥有一门性爱艺术的国家，我认为这里也有跟科耶夫那样夸张的成分。你们能看到，日本的真实是如何借助于某种西方世界所实施的再现式的投射，同时表现出某种既遥远又邻近的姿态。

在这种特异性中，在这种由他性的异域情调和他性的预先设定所造成的魅惑中，尤其值得强调的是形式主义于特异性中所扮演的角色。这是一种你们能够找到极为详尽的描述的形式主义。你们能够在这种形式主义的极端形式中找到某种描述，即人们所谓的"花街柳陌"，换言之这是一个艺伎的世界，她们将自己奉献给诱惑的美学和爱欲的风流。这有本居兰①近来的书，《艺伎或花街柳陌》（*Les Geishas ou le monde des fleurs des saules*），它细致地描绘了这种异域情调的形式主义。

在科耶夫的语境里，你们能够看到所有的这些艺术的内

---

① 罗贝尔·居兰（Robert Guillain, 1908—1998），法国记者，有近四十年驻亚洲工作经验。

容首先都是一种附庸风雅，是一种纯粹的形式主义。这个问题仍旧很重要，因为性之间的联系涉及日常的、大众的、内在心理的他异性，因此，这是一个我们观察日本人在性方面是否成功地以日常方式对待他者问题的实验室，在此所有的心理问题都会横插一脚。他们是否在这里也会受到某种形式主义的规制？这是一个重要的点，在对待某种性别的他异性时，这个问题免不了给深受心理学和社会学思考束缚的、迟钝的西方世界带来震撼。

最后一点。当你们引入所有的这些异域情调的时候，所有的这些异域情调便成为你取之不尽的、碎片式的矿藏。利用这些碎片，我们能够建构起独特的混杂性空间；日本社会本身向西方提供了美国化底片下的近距离的表象。换言之，美式生活即将混合并掩盖一切。但是在这种底片之下，某种事物仍保持扑朔迷离。

在日本式的混合物中，还存在着某种十分古怪的事物：某个近距离的表象的空间，以及某种拒绝这种邻近性的内核。伴随着某种时常带着误导性质的自鸣得意，这将导致某种脱离其语境的文化残迹的直接输出，然而，归根结底它伴随着某种普遍的附庸风雅的现实化，这种现实化将使得科耶夫的预见部分地、肤浅地，并以滑稽的方式具体化。

这个将我们裹挟起来的想象性的日本，在我看来似乎保存了这一共同的内核：它描绘出一个乌托邦，某种世界的肚脐眼,或者毋宁说是所有可能性文化的中心点;这是所有的文化当中没有被解析的东西,如同弗洛伊德所说的,我们不可能去谈论梦的中心,因为这是抵制所有解释的东西。或许正是这个中心点,使得谢阁兰所探索的纯粹异域情调现实化,即所谓"一种对永恒不可理解性的尖锐且直接的感觉"。

这也是我自认为忠实于谢阁兰观点的地方,他自问如何才能不被某个他所遭遇的社会所粘连,不同他们生活到一起。他提出如是问题:"如何保持距离?"多亏了这些精灵古怪的东西,多亏了这些日本的虚构,距离延续了下来。可能他是通过这种中介方式来接近日本的。

通过这种方式,我们能够忠实于谢阁兰接近和疏远的研究方法,他称真正的异域情调是建立在某种游移之上的;先熟悉他者,随后返回自身。

最后,我通过提出一些评论来做总结。首先,关于谢阁兰有一点我们直到现在还没有机会提起。在某种程度上,他很好地看到了诸多差异性的问题,他完全领先于玛格丽特·杜拉斯①,他预示了这一点。我乐于你们引用这些文字,在《异域情调论》第 90 页他写道:"在彼此交融的快感的顶点,倘若偷情的人们去测量将他们分开的壁垒,去测量这不管他们独一无二的愉悦明面上如何和谐、都永永远远地将

---

① 玛格丽特·杜拉斯(Marguerite Duras,1914—1996),法国作家、电影编导,作品有《广岛之恋》(*Hiroshima mon amour*)等。

他们分开的、牢不可破的壁垒,他们将惶恐不安。"

玛格丽特·杜拉斯将其所有的作品建立在这一由不可能的共同体所建筑的空间里,这一不可能的共同体为偷情的人们营造出了共同体。谢阁兰已然表达过同样的内容。

谢阁兰很好地看到了诸多的差异性使得他异性的经验成为可能。正是这一游移运动使得面纱被揭开。谢阁兰使得我们和表面上的观光保持对立,和同化保持对立——因此也避免巨大的接近性所带来的风险,但是他也察觉到这样一种风险:不管怎么说,我们同他者总是分开的。正是在对这两种风险的探索中,他阐明了一种有关不可能的共同体的思考。事实上他的研究思路首先是一套**程序**(procédure)。

此外他还沉浸于另一种研究思路当中:我们称之为包法利主义(le bovarysme)。这是一个已经过时的词语。对我来说,我是基于如下的方式来理解的:这是一种观念,从其自身出发,某个人能够创造出一种混合虚构。我们因此能够理解包法利夫人的参照系。于是真实的主体从这种虚构的存在出发,表现为某个他者。

归根结底,包法利主义是一个内在的异域情调的例子:我拘囿于自己的角色当中,以至于我基于某种他异性观察自己,我在我自己的内在创造出这种距离。

那喀索斯主义(le narcissism)同包法利主义相邻近,前者是另一种倒错。主体自己创造出某种形象,他最终爱它胜于爱自己;形象杀死了主体。如同克莱芒·罗塞①所言,那喀索斯主义经常在那些不那么爱他们自己的人身上表现出来。在内在的维度上,我认为它似乎解释了谢阁兰为什么把旅行定性为一种灾难性的东西。对于谢阁兰来说,旅行是一种人工假象,它带来了这种他异性的经验。根本地说来,旅行是某种短路,它便于我们尝试他异性。

谢阁兰的唯美主义在我看来有个有趣的地方:"归根结底,我们需要多样性,我们需要他者,因为这使得我们愉悦,这使得我们的感官和感觉被激活,这便是生活。"这关乎在谢阁兰那里,如何理解感觉主义的作用。他的回答即是某种美学。他醉心于绘画,他在这种美学的愉悦当中有着某种他异性的策略。他尤其鄙夷那些流俗的"相符合"(correspondances)于时代的潮流,比如说,那些参照绘画而作的音乐,相反,他认为应该抛开所有文化秩序当中的其他因素,享受音乐自身。享受美学规则,这包含在它自身的完美性和任意性当中。

这让我想到谢阁兰的某个同时代人,我们显然还没有好好研究过他,他就是萨克-马索克;在某种程度上,他是另外一个感官主义的使徒。马索克自己也沉浸于某种异域情调的体验里。他建构出一个对象和一种同该对象发生关系的

---

① 克莱芒·罗塞(Clément Rosset,1939—),法国哲学家,作品有《真实及其重影》(Le Réel et son double)。

程序。为了建构出僭主式的女性，他当然是先占有真实的女性，随后让她们扮演某种虚构的角色，同时，这种角色强化了他们之间的距离感，而使得她们接近于他的幻象。

让·鲍德里亚

我完全可以接着你所说的有关日本的内容说下去，因为在我看来你的分析真的非常棒。尽管存在着一些建立在模仿、仿造、缺乏创造力而同时又全盘模仿的误读等等，但你推翻了这些有关日本的绝对的误读。简而言之，在这些所有的变量当中，我要沿着这种不合逻辑的误读讲下去。

倘若我们可以这么说的话，不妨说这种误读使得在日本的徒步旅行成为现实。这种误读或许还会使得隐喻上的旅行的理想型成为现实，这种旅行不要求有效地理解现实，尤其是在日本这个案例中，因为倘若我们打算去到当地，以便能够理解那些不过是同现实进行游戏的、属于诱惑的东西，将会导致一种完美的误读，而非去寻找真实的日本。

显然应该直接地、以某种隐喻性的投射来跨越这一真实而到达那里，这种隐喻性的投射事实上是在事物智识中走得尽可能远的最好的方式，就事物的隐喻的距离而言，所有的东西仍然停留在此处；别把它们混合起来，不要混杂，在某种意义上这是日本的一个秘密，一般而言是异域情调的秘密。

日本完整地提出了这个问题，因为从模仿和仿造的角度来说，关于这个国家含混的地方也是最多的。显然，对于我们而言，模仿和仿造是受到谴责的价值观，因为这是非真实的、非原创的、非创造性的价值观。最终，我们以某种西方中心主义的奇形怪状变体的方式，拒绝了日本所有的价值体系，这延续到今天。

这个秘密因此是无处不在的，它就存在于这种附庸风雅中。我把我的论点建立在你所做的第一个分析上，它关乎技术进步的状态，以及由此提出的通过超越此在的事实来解决技术问题。最具技术性的是，技术带来某种技术原则、技术现实原则的解决方法。也在此处，日本超越了技术的现实，或许它处于某种超现实当中，但或许也处于某种技术的治外法权（extraterritorialité）之下，在某种意义上，这种治外法权几乎是我们释放出来的。

另外一种看待超越如何可能的方式，事实上是附庸风雅。就我个人来说，我认为能够以十分类似于分析风流才子的方式来分析附庸风雅者。你说附庸风雅者更具主体性，我并不这么认为；附庸风雅者也并不追求普遍性，他并没有原则上的内在性。我认为事实上对于他来说，并不存在价值观、符号和形式的心理上的内在化，只有人为编排（affectation）。

其特质就是人为编排。在海德格尔的书里,有种微妙的贬义,但倘若我们取其字面上的意思,人为编排,即人工品的意味,即仿制品的意思。在这里没有原初的东西,没有真实的东西,没有事物深层的现实,所有的都是形式化的,所有的都仅仅在此意义上被诱惑,换言之,被剥夺了自身的真实、本质和规律。

我相信我们能够回到这一点上来,我们知道日本文化比起我们自己的文化,可以充当其他所有文化的榜样,甚至可以与美国文化匹敌;在这里这是一个十分令人好奇和具有悖论性质的迂回。事实上并非所有文化,都跟我们的文化那样,被原创、真实的病毒所"折磨"。日本也不追求这些东西。他们的文字作品,他们的宗教,都是从别处来的。在这些文化当中,其原则是从别处习得的;没有从其自身、从其自身的最深处、从其存在、从其本质来的东西。这是我们的偏见,是我们西方的偏见。

我们都深以为然,事实上,所有的东西都来自别处,而这并不重要。这不是一个借用,毋宁说是改变事物并以某种总体上的自由、以某种巨大的力量为乐的事实,具体说来,并不存在这一前提,不存在这种原创病毒。据此,这些文化——以日本文化为突出代表——是好客的文化,而不是模仿的文化。似乎这种好客可以面向一切可能发生的东西,在此尤其包括技术、资本等。附庸风雅是在这个意义上说的,日本给我们的印象是它提供了太多的科技、太多的现代性，然而没有去疆域化的科技。

在我们看来，科技就其疆域的解构来说，有其自身的现实性原则，同时在此我们能够吸收各种各样的内容，因为我们已经处在对立面了。我们能够吸收这个无器官身体的空间（它是资本主义，是西方），而不必在其自身的密码、规则和仪式中感到眩晕。

在这个意义上，日本一面不追求普遍的东西，一面成功地迎接、吞噬、同化所有的东西，倘若我们想这么说的话，它几乎就是食人族，不过同时也把所有表面的东西转化了。这也是一种诱惑，归根到底是一种符号游戏的可能性，它不是建立在一种普遍意义之上，而是建立在符号作为符号的基础上。对于这种游戏的可能性、这种将所有表面的东西予以转变的可能性，巴特在《符号帝国》里做了很好的解释。这便是诱惑的秘密，在此意义上，日本许下了它最终成功实现的誓言。

所有的原初性文化做着同样的事情，它们整合西方文化的元素、对象、符号、形式等。它们将这些要素的某些部分纳入自身的文化循环当中，纳入自身的仪式循环当中。

对于大部分文化来说，它们绝望地、蹩脚地施行着这一进程，因为它们屈服于此。但是所有的文化都以这样或那样的方式吞噬着西方，总是存在着某些不可被驯化的事物，我们甚至已经开始测量这部分事物。

同日本相关的那些东西更杰出，因为日本成功地转变了那些终结终结之物的东西（ce qui est le fin du fin），日本以西方文化最为智性的方式生产出这些东西，即进步、科技、现代性等。并且日本以纯粹策略的方式，以游戏的方式，以人为编排的方式，成功地完成了对这种技术和其本质（资本，它的概念）的转化。

因此，事实上，这是谢阁兰所说的、激进的异域情调的诸多形式当中的一种。我们能够设想，通过它们准确地说出自己所抵抗的东西，从而在那些古老的文化当中寻找到这种东西；但是从自述其抵抗的东西的角度来看，这仍是某种蹩脚的版本："归根到底，它实现了自我保存，存在着某个坚实的内核，但最终，这种处在沉沦中的、激进的异域情调将会成为一场被摧毁的游戏，履行是一场绝望的事业，我们将不再能重新发现这一事业。"

这是谢阁兰信手偶得的观点，它是正确的。日本却是个反例，因为这种激进的异域情调已然成功地闯过了最有决定性意义的、最重要的试炼的关键，即现代性，它大获全胜地押解着这场试炼的彼岸。因此，这确实是某种杰出的事情。

这个秘密关乎如是的事实：日本其实没有任何有关其自身真实性、自身欲望、自身起源的幻想，没有某种耻于见人的幽暗之思，没有荒诞遐想的谦虚端庄；所有东西都是别处来的，没有东西属于它自己，它自己没有任何存在，在某个时刻这将力量赋予所有东西，人们在这个时刻拥有完全的灵活性。归根结底，他异性的秘密，即是想着所有的东西都来自别处。

事实上，我们，我们自己不得不思考所有的一切来自我们，以及显而易见的是由此产生负罪感；我们不得不接受所有这些源于我们的责任，这是我们的苦恼意识，我们不幸的命运，也是西方的不幸的命运。

我们能否谈谈性以及你所主张的内容？我对此没有了解，但清晰无疑的是，性不是我们每个人自己深层次的和真实的欲望的领域，而是有待于实现和完成的愿望；或许因此在事实上，同样的原则也在此处被应用，换言之这些来自别处。

因为如同被内在化了的欲望，性有其必然不幸的命运，这种命运是被抑制的东西。这是我们当中被抑制的他异性，也是我们不能成功地加工、转变的东西，准确地说来是因为我们被它们所困扰；此时，存在着一种我们与自身之间（entre nous et nous）的混淆。

他者的原则已经消失了。因此，我们已然在某种程度上丢失了这种将他者保持为他者、将异性保持为异性的可能性。在性解放当中，我们已然身处某种杂乱当中；这并不打算声称性解放里什么也没有,而是说里面存在着某种猝然而来的不幸的命运,因为它因为心理内在性而短路了。

日本没有这些东西,至少在我们在此探讨的这些耳熟能详的模式里是如此;倘若我能这么说的话,这里存在着某种他者保持着异性的他者。在此,性并没有表现为欲望的实现,而是表现为某种仪式,某种服务,因此表现为艺伎的形象,它是极为遥远的,完全不会阻碍浓重的感性。

它保持着他者的距离,按照谢阁兰的看法,这是异域情调的原则:保持距离。奇怪的是,人们在颠倒的形式中试图走向他者、吸收他者,或者同时与差异游戏,却是与某种程度的差异以及基于某种全球性的和普遍性的原则来进行游戏。在此,待他者如同他者。事实上这般保存他者对我们来说是个不可能的任务,因为我们致力于内在性的转折。日本因此表现为有关这种可能性的、幻想性的模范。它似乎是——至少希望是——不可摧毁的。

在经由日本这个最为坚实的模式做了一番迂回的考察后,我相信这个分析能够应用于除了我们以外的其他所有文化,或许也适用于我们文化最深层的东西。因此,科耶夫在美国和日本之间做出的差异,在这些事物的概念层面是对的,但是并非如此简单,因为里面如同谢阁兰所说的那样有着某些永远不能理解的东西,包括我们同美国模式的关系,只要我们不再把它理解为真实的东西。这是个问题。倘若我们在现实中把这些事物当成某种美国化的模式,地球上的所有东西便从现实性、数据性的角度考察……但这不是一个好的考察点。

马克·纪尧姆

诚然,我们总能认为某种其他文化相对于我们自己的文化而言仿佛不可理解、不可通约,并以这种想法为做观察的出发点。在这种视角看来,日本完全没有垄断激进的他异性。存在着有关美国、印度、马格利布等的虚构,所有的这些也同日本的虚构那样神秘和迷人。

但是也存在着一些时刻和一些空间,在其中这些虚构变得绝对必要,并且引起非凡的迷恋。在欧洲的18世纪和19世纪之交,印度的语言、文化、宗教和哲学发挥出某种魅力,它完完全全地在今天英国、法国和德国的知识分子当中获得回响。在1800年到1810年之间,从赫尔德到施莱格尔的作品都对印度表现出某种真切的德国式的感情,此外印度还大量充斥在叔本华和尼采的字里行间(有关这个问题,参见罗歇-波尔·德鲁瓦[1],《印度的遗忘》,1989)。

---

[1] 罗歇-波尔·德鲁瓦(Roger-Pol Droit,1949—),法国当代哲学家、记者,作品有《印度的遗忘》(*L'oubli de l'Inde*)。

在不同的以及更为多样化的层面上，日本已经取代印度，今天后者在西方的想象中几乎已然被遗忘。现实的日本通过虚构而表现，这些虚构有着一种针对今天缠绕着西方的问题的特别药效，历史终结论的问题。因此，不需要寻找某种好的发现日本单一性的视角，更没有必要去解释日本的现实，因为它似乎阐明了我们的困境并且强化了我们的焦虑。广岛以及那些新型技术掌控了自然、生命和人类自身，它们充斥着我们全部的视域，同我们最近的历史（奥斯维辛及其灭绝性的技术）发生共鸣。针对这些西方式的问题和焦虑，日本似乎首先承载着某种西方式的、后现代的（比后现代更后现代，某种混合仿制品）回应，它主张一个同时退步和进步的世界。筑波世界博览会是这个世界的一个雏形。但是，从更近或者毋宁说以更具想象性的视角来看，我们认为这种表面上的回应不过是一种礼节上的回应。针对有关强制性的问题（战争、技术、资本主义和这些东西加诸给日本的问题），针对这一从文化自身并没有被提出的问题，日本依照其习惯从他者（在某种程度上优于他者）的角度来回应。但是同时，针对有关人工品的问题，它以人造性、以其自身的虚构、其人为编排来回应，这是使得我们惊愕的东西。

让·鲍德里亚

人工品的根源，在于人造。人工品与虚构之物也相去不远。

马克·纪尧姆

我不认为人为编排也有着同样的根源。

让·鲍德里亚

至少，存在着一些偏移，它们构成了语言的诱惑，我们可不能避开此点，它们是语言诱惑的效应。人为编排这个术语在我看来似乎使我们能够好好思考，我们是否像之前那样有效地解读它，是人工的还是虚构的？事实上存在着某种逃离事物的真实、事物的意义以及其末世论的可能——因为清楚无疑的是，现实的线性原则必然引来末世论，引来终结，必然存在着终结。当存在着某种不同的原则，存在着某种人工性的原则时,这是另外一件事情,我们能够从此逃离,因为末世论在这里同样成了某种神秘的东西。提出这个前提很有意思,因为情感同样也被建构起来——建构起来而非生产出来。

末世论,是秘密的终结。字面上说来,这是发现、启示,换言之所有的一切都被言说尽了。这是隐喻的终结,秘密的终结。原子弹归根结底是太阳撞向地球,换言之这是作为隐喻、作为距离的太阳的终结。

也在这里,我回到附庸风雅诸元素的某一种,因为这里不存在符号和意义之间的联系。附庸风雅者——或者风流才子——启动了所有的符号,或者说他找到了这些符号;他借助这些符号而工作并且强化了他们。事实上,总是存在着某个受到强化的维度,这一维度同时也几乎是鹦鹉学舌式的、人造的维度。人为编排揭示出这种强化,但它借助于"比……更"(plus que),成为某种解放,而非一场灾难。事实上在"附庸风雅者的领域"当中,没有灾难。游戏规则,符码游戏的规则,将这种强化带到现实的一波三折中。同时末世论能够进入一般性的人为编排当中,而不必非得属于日本。

星球旅行

让·鲍德里亚

我们以某种特定的方式探讨他异性这个主题,谈及了旅行、异国风情,我们需要知道为了探讨这一主题,我们谈论了邦国、文化。这个横截面的、探索性的空间是隐喻性的,这是一种在那些他者、在那些陌生人之间"游荡"的方式,人们于此谈论陌生性,观察它是否自我迷失、自我创建、自我创造。旅行,就该术语的大部分意思来讲,是某种方式、某种这一探索过程当中可能的方案。

我们有许多内容是从谢阁兰那儿谈起的,我们在这儿总是能够援引他的说法。只要援引的这个内容是站得住脚的,便宁缺毋滥;这个援引也确实是站得住脚的。谢阁兰自己也谈论异域情调,这仍是他谈论的对象、目标,论及旅行的时候,他说:"为了获得某种来自异域情调的——因此,也是来自陌生性的震撼,没有必要诉诸某场旅行的俗套情节;然而这些旅行中发生的这些情节和事件,比起所有的其他托词都要好得多,它们允许这具躯体施行其粗野的、敏捷的、毫不留情的肢体动作,并且巧妙地标记出每一个动作。"

因此说,旅行事实上是另一种托词:但是,这是最适合于我们的托词。它不过预设了我们并没有失去如是的视角:问题的关键并非人种志意义上的旅行或者别致的旅行。因此,我们不该受到旅行、邦国、日常生活、对别致事物之体验(这是最糟糕意义上的异域情调)的蒙蔽。"不同于自己",谢阁兰说道。不应该相信我们与他人(当地人)拥有某种同质性或相似性。这是一场充满魅力的游戏,或许它是极具诱惑性的,但它绝对不是某个上述提到的冒险的筹码。

按照谢阁兰和我们自己的观点,异域情调被理解为某种感觉强度的、感受狂热的(因此也是生命的)基本法则;这仍是一项更加不明确的研究。谢阁兰脑子里想的是一项法则,换言之所有的人都必须服从这套异域情调的法则;在此存在着一种本质的、基础性的陌生性,尤其不应该在某种融合或者某种一般的、别致的混杂当中试图废除这种陌生性,而应该维护其法则。

归根结底,我们在此勾勒出来的这套异域情调的理论,它是伦理学?是美学?是哲学?是生活的艺术?是世界观?

它跟这些都沾点边。我们把它视为某种奇特的、悖论式的假说,因为在根本上它关乎一项不可抗拒的假说。从原则上来说,假说是为了煽动谣言,但这是一项可能为真理而非谣言的假说,它或是某种命运。因此在这个意义上,它是愉悦的源泉,因为这最终是一种诱惑的源泉。

本质的他异性是无处可觅的,因此该对象也是不可能的,我们就从这个公设出发。在此基础上,马克·纪尧姆之前谈到了不可能的政治(la politique de l'impossible),以及将终极性放置到游戏之外。旅行探索是这种根本他异性的隐喻,因而也是不可能的。它被谢阁兰所呼唤:它并不是某种永恒的真理,它置身于自己的时代、语境当中,换言之(我在此引用这段文字,因为它确实十分有趣),从我们经过发现和探索知道了地球是球状空间、是一个球体之后,地球便因此再度将自己封闭起来了,它代表着一个事物向心化(concentricité)的空间,这是旅行的终结。就该术语最终极的意义来说,旅行再也不存在了;只存在着观光,换言之即参观游览某些物事、某些已然耳熟能详的东西。谢阁兰说,但是一切的物事都开始转向其自身,因为哪怕我们远离地球上的任何一个角落,我们都将遭逢同样的物事。

因此,再也不存在线性或者无限的可能性,只存在某种回环,该回环的"庸俗"(kitsch)的形式即现实的观光,它已然蔓延整个地球,而作为某种探索异域情调的形式的地球旅行,也应当有所意识。伟大的旅行家想着发现某些物事,他们也发现了这许多物事,但我们不再处于这样的时代。在那个时候,既存在着某种关乎未知的赌注,也同样存在着关乎未知的结果和冒险。

如今,我们知道自己身处一个轨道圆当中,在某种意义上它是自我封闭的,因此它必须遵循这种向心性的法则,我们逃脱不了这一法则的支配。同时,如同谢阁兰所言,应当寻求某种本质的异域情调。因此应当在轨道圆当中寻求某种越界、越界性(espèce d'exorbitation, d'exorbitalité),它将打碎这种受观光所支配的平庸命运。

事实上,总是存在着旅行的悖论。我想到另一种我们要谈论的旅行,毒品旅行。这完全不是外在于他异性问题域的东西。

在这一旅行当中发生了什么?毒品是一种旅行。但这是一种心理剧场式的旅行,如果我们能这么说的话,它是旅行的心理剧(psychodrame)①。这种旅行不再离心化、异域情调化等,它不认识他者,它完全自在圆融;正是这种旅行最终会内爆(implose)。它自己将自己包裹起来,在自身之内游荡,它的势力范围收缩进被毒品支配的头脑、神经或身体中。在现实当中,这种旅行不外乎自我的他异化。在此存在着更多

---

① 所谓心理剧,即根据精神病人生活中的实际问题编写、由其本人参演,以便使精神得到发泄而起治疗作用的戏剧。

的他者，比起某一内在差异化或者极度内在且必不可少的他异性的总和还要多（在这种差异化或差异性当中，主体不再能摆脱其自己的生活）。相反，它在此将一切都裹挟起来，它完全屈从于自己的心理剧。

总之，这就是旅行这个术语在其中向心式的旅行——而不再是离心式的旅行——是内爆的旅行，它总归是要在某一个点上自我终结的；但是原则上，这个点意味着所有的一切都已然给予你们了。那里是自足的；所有的一切都在脑子里发生了，所有的邦国、所有的文化、所有的狂想和幻觉都在那里了，不再有因为不满足而发生的反抗。显然这便是旅行的界限。这也是异域情调的界限，但同时是其总体的矛盾和总体的终结。

在这个维度上，有意思的是借助于球体的隐喻把地球说成是球状空间，说到底，事实上我们越探索边界、维度和无限，我们便越强化已有的知识国度，世界便越发自我收缩。这在某种意义上是倒置性的运作：我们越是延展知识的界限，我们离世界的发现越远，最终世界内爆了，变成了圆弧轨道。

毒品旅行是某种心理剧的总体内爆，谢阁兰描绘出同该图景一样的效果，他说：事实上，只要我们已然完整地探索了它，地球的球状空间便整体地变小了。换言之，我们在探索中走得越远，它总归越能产生某种内爆（implosion），这种内爆是探索和外爆（explosion）的倒置性命运。

或许我们还能够把这幅图景延展到另一个领域，正好就是他者的领域。面对同作为人类的他者，所有的沟通问题都被提了出来。我们已然说过，事实上我们真实的旅行是他者，是诸多的他者。根本来说，唯一的旅行是那种我们在同他者的关系当中创造出来的东西，是作为一个个体、一种文化的东西，在这一视角下，沟通被更大限度地延展了，换言之，我们越是同他者相交流，越是有更多的沟通、更多的联系、更多的联结等，事实上，我们自己也越容易内爆。

最后，沟通的主体，倘若我们还能这么说的话，这是一个支配所有网络的点；通过这些人工肢体（prothèse）、这些屏幕、这些机器、所有这些技术的帮助，这一点是十分明显的。但事实上在这时候，这是一种封闭性的存在，完全地禁闭在其屏幕中，并且它同整个世界相沟通。沟通越是世界性的，其中心投影点越是部族性的、唯我论的、自我封闭的。

沟通系统被某种悖论所支配。这里有一条沟通的悖论性法则，它同那些我们能够在感觉当中所确信的东西不同，在感觉当中，沟通越多，现实的交流就越真切、越能自我繁殖，这的确是某种自我生产的倒置。

在此限度上，我们得以拥有一个沟通的、强制性的整体世界，其中的原子完全将个体和他人区分开来，并且使得这些个人在这些他人的基础上内爆。论及这一地球的几近物质性的规划,我们越是探索其界限,地球便仿佛被某种魔法的空间所支配的那样,越是自我收缩,并且变成某种更小的球体。此时,应当思考这种新的维度,即内爆的维度,即确切地改变所有法则、所有游戏规则的维度,这也包括我们已有的认识。

在《我们与他人》(*Nous et les autres*)这本关乎文学旅行的书中,托多罗夫提出某种针对19世纪以来旅行者的分类。在谈论过谢阁兰、夏多布里昂①等许多伟大的旅行者之后,他提出了十个划分旅行者的范畴。

首先是同化者(assimilateur)。这是那些为了同化其他文化、使得其他文化改宗而旅行的人。他们是基督教的传教士,它们拥有意识形态的、经济的或者其他目的。在某种程度上,侨民也寻求某种同化,在这情形下,他们通过事物的强制力而接收了某种相对的文化。

图利者(profiteur):这是商人。就其起源和真诚性来说,这群人在旅行中与他者并无关联。事实上对于他者来说,不代表价值体系的其他法则是不同的。既包括商人,也包括侨民,当然,各个范畴之间是可以相互混杂的。但原则上,图利者是不具备意识形态的,他们不被意识形态所缠绕;他们旅行、赚钱、剥削、从事黑奴贩卖的勾当。

---

① 夏多布里昂(François-René de Chateaubriand,1768—1848),法国早期浪漫主义作家。

观光者(touriste)：这是第三个范畴，大概也是最复杂的范畴。不过或许有时间再回来说这个范畴。在此我们已经有了这幅图景、这种直觉；我们说这同样是漫画式的东西，因为我们已然或多或少地实践着它们全部。

印象主义旅行(voyage impressionniste)：这是19世纪某种美妙的旅行。人物如罗蒂、米肖①、巴特，他们都去了日本。这是一场直觉、感觉或者还有对某个邦国的幻觉被引入的旅行。更不必说这是说话的主体，他带着对事物的幻觉旅行。他完全不试图从这里抽离出普遍性的规则，而是在这些幻觉间游戏。他同差异相游戏；在这里，他是印象主义的。他并不试图将所看见的东西普遍化。

被同化者(assimilé)：在这情形下不再是同化者，被同化者是那些真正融入某种文化、采取某种生活方式的人；它在某种意义上是移民者。因此在这个限度上，这是一种不再是自己的旅行者，至少他迅速中止了其存在。可能是被迫而来的移民，也可能是自愿而来的移民，但在某个既定时刻，由于某种融合的作用，他者的问题不再存在。

异域者(exote)：这是谢阁兰所说的一种旅行者。异域者保持着某种距离，他们试图跟陌生性维持距离并乐于差异。公允地说来，这是一种惬意的、诱惑的策略，这种策略导

---

① 亨利·米肖(Henri Michaux, 1899—1984)，出生于比利时，成名于法国，诗人和艺术批评家。

致距离被保全,完全不应该试图进入、混同或者同化于其中。应该保持距离并且培育针对这种距离的策略。

流放者(exilé):这也属于旅行的范畴。这或许说的是笛卡尔,如同你们知道的那样,他一辈子都生活在法国之外的地方,尤其是在荷兰。

但是流放或许完全是某种令人不快的情境,比如,偶尔有些不幸的情境(政治流放或者其他)。然而很多流亡作家在此找到一种关乎距离、惬意、乡愁的能量,这激发了他们的创作能量。比如说,假使你们认识贡布罗维奇①的话,就知道他在布宜诺斯艾利斯生活了二十年,已然在那里创造了一种性别法。反过来,在这个意义上的去领土化是其天赋的来源。因此,可以确定的是,如果你们没有失去自我,是有制胜王牌的。在这个意义上,或许真正的独一无二,应该是在他处。这也是引出某种异域情调之策略的物事。

寓言作家(allégoriste):他将外邦人视为批判性的隐喻,他"隐喻性地"旅行。在此限度上,他自己从不完全地身处异邦,他总是同其自己的文化相联系,但这是一种批判性的联系。换言之,其他邦国对他来说是作为隐喻、作为形象而存在的,这是为了提出某种判断,与他自己的领土保持一定的距离。因此在某种意义上,一个明智的旅行者并非真的去中

---

① 维尔托德·贡布罗维奇(Witold Gombrowicz,1904—1969),波兰作家,对米兰·昆德拉等作家有重要影响。

心化。他仍以自己的文化为中心，没有丢掉自己的根，也没有在心理上自我流放，而是在这里获得了一种巨大的复杂性。

另一种有关寓言作家的版本，是说他们是看穿一切的人（désabusé），他们的旅行不过是为了证实其自己文化的优越性。许多法国或者美国殖民者只拥有一种话语，这是这种美国文化的悲哀，不管他们去到哪里，总是同样的事情。

这些观光者或许也因为旅行、因为发现一些事物而兴奋，但他们并没有参与游戏，没有痴醉于任何一种发现。他们宁愿满足于证明归根到底待在自己家总是更好的，证明其他人的生活方式是奇怪的；最后，证明唯一真正的人类，是我们这一类人。因此，这是一种向心性的话语，是看穿一切之人的拓扑学。

托多罗夫最后标记出一种范畴，即哲学旅行者（voyageur philosophe）。对他而言，蒙田①是典型。这是一个有点观念论式的范畴，一种理想类型，我们可能追问它是否存在。诚然，哲学家，根据其终点来看，显然是普世主义者；他对普世性当中的差异感兴趣，原则上他并非种族中心主义者。他的目的在于证实多样性和对无限差异化，这些多样性和差异化存在于诸多价值体系、诸多文化当中，存在于对事物普遍幻

---

① 米歇尔·德·蒙田（Michel de Montaigne, 1533—1592），法国文学家。

想的和解式尝试当中。

如同所有的分类——我们将回过头来谈论异域者,因为这是我们感兴趣的地方——这种分类总是围绕某个盲点建立起来;一般说来,它们不说明任何事情,不过是工作目的。经常而言,许是它们忘了重点,许是缺乏某个东西。

在这些分类中,我怀疑,缺乏的恰好不是如今对我们而言最具当代性的旅行——现实旅行(voyage actuel)。事实上这种旅行不再是实在的领土性的,而毋宁说是星球旅行,更不必说空间旅行、空间飞行;这种旅行是纯粹矢量性的,换言之,它只是关乎位移、速度和流转的问题。

极端的例子是这位女士(这是个真实的故事),她一辈子或者大半辈子都在旅行。她从未离开过机场,总是从一个机场到另一个机场,乘坐一架架飞机环游世界。她甚至死在机场!她处于旅行当中,她位于某条圆弧轨道上。在此,这是圆弧轨道式的、空间的、完全去领土化的旅行,也是与提供某种坚实感的地球相联系的旅行。

空中飞行,一场长途飞行,已然几乎有些圆弧轨道式的了。倘若你们飞去洛杉矶或者去悉尼,这已然跨越整个世界,飞行本身即自己的目的地。这便是安置在圆弧轨道上面的世界,在这轨道上我们遗忘了再度着落的观念。这里存在着一种观念:类似于无返程(non-retour),并且建立在特定的、矢量的圆弧轨道之上,这是当今旅行的特征之一。

当然，除了抽象的、形式的、速度的、空间的以及时间的世界，你们将不会发现什么别的东西，因为在此我们专注于空间-时间，并且在此相对性的维度上同事物相联系。这类旅行属于某种其他语境，它毋宁说是非人类、有点外太空的意味。它在衍射中不断掉色，或者说它污染了今天所有其他类旅行。换言之，今天我们对其他类旅行的理解不再是力求达到某种目的、认识某些人，而是位置的移动，纯粹的位移-传送。

如同机器-传送的旅行：在我们一直谈论的他异性的话语里，这种旅行的他者是什么？

的确不再存在他者，而只有某种流转，某种盘旋，因为不管怎么说，一段漫长旅行总是以某种方式，结束于围绕地球运转。其节奏不再是发现、交流，而是某种不紧不慢的去领土化，某种通过不在场而营造的诱惑。

你们已然为旅行自身所裹挟，这是通过不在场来实现的，这也是一种自身的不在场。那一刻，你们身处一架飞机上，你们不再对任何事物负责，包括自己的死亡；倘若你们身处这一情境，这里便存在着一种完全的不负责任，它最终产生某种巨大的魅惑形式，某种在自身当中表现出来的次级状态。时间上的错位也创造出某种毒品式的状态、某种实际上是迷幻剂的状态，这在某种意义上能够令他自己感到旅行是正当的。我们能把这叫作旅行吗？我不知道，但愿能吧。通过经度、纬度、海拔、速度以及所有的这些并不属于身体传统意义上的感觉的维度，你自己的同一性消失殆尽。诚然，身体会对这个故事感到厌倦，因为在某个特定时刻，它不知道自己身在何处。它产生出某种关乎旅行的失真图像，某种对身体的扭曲，但这是对精神的某种魅惑。

在我看来，这个维度存在于所有的旅行当中，包括你驾车南下蓝色海岸或者别的地方。倘若你坐车在高速路上待上八小时，也是同样的情况。这是某种圆弧轨道上的设置，它维系着那些长时间持续着的东西，这是一种去领土化。我们今天能够找到一种缺乏目的的愉悦。或者它不是你到达、将在那儿无聊待上一个月的地方；唯一真正改头换面、智慧涌现的时刻，已然在途中的矢量性插曲里实现了。

今天同他者的关系（或者是一种心理、社会等的关系），有可能采取一种线性传递的、横向截断的、矢量性的维度；就此而言，我们只是在他者的欲望中、在同他者的关系中流转。借助于我们自己的欲望，我们能够想象某种同他者坚实的关系，能够想象某种对他者、对情感的发现，所有这些能够以某种特定的强度来建构起激情。并且，我们能够有效地将他者想象为单纯去领土化的场所。换言之，他者存在着，但是它应当被超越；在某种维度上我们能够生活在他者的欲望当中，但在另一个维度上，根本上是全息投影的维度上，我们又作为流亡者而生活。这差不多是一个在那一刻你们可以穿越其中的全息图像。

你们总在旅行,却不再有阻力或着陆某处。这种旅行明显以一种由此及彼的方式,保持着某种连续不断的去领土化,吞噬着自己的空间;它需要某种连续不断的创新。在其中,自己的欲望和能量,已然不抵那种由机器-传送和矢量所支撑起来的欲望。

我们还能够问,事实上是否他者总是处于某种心理关系中?然而正确地来说,在这个程度上不再有心理。他者仍是一个形式的空间,它仍在那里,但它的创制就是用来被超越的,它是某种领空。

我不知道通过类比援引这个前提,能否走得更远些,以便理解当代这种类型的性关系;这已然成为性别之间心理关系的星丛(constellation),这种被创制出来的他者的心理剧,同时也如同德勒兹所说,它是某种流转的、几近空无的空间当中的欲望机器。

在这里,通过不在场而营造出来的诱惑也表现出来。但这是一种总是流动的不在场、完全不是对在场的凝思。应当前进,应当旅行。一刻不停。

最后,我们可以从这种对他者的探索、对他人关系的探索以及同旅行记忆一样澄明的记忆回头讲。在此,他异性建立在不在场的游戏上。他人如同你们自身形式的变形、失真。另一种性别也揭示出他者的失真,但这并不是就某种牢不可破的二元性而言的。

在我们称之为寓言作家的范畴里,可找到一些东西。这是寓言作家将它当成体育运动的东西,他们旅行是为了摆脱自己的文化。这是根本性的一点。这是一项仅仅是清除其自身文化的保健学(hygiène),他们的文化不管在任何情况下,或许是丰富的、复杂的;这是你们的文化,但也就是出于这个理由,完全有必要在此刻同它保持某种根本性的距离。归根结底这可以建构出旅行里所有秘而不言的愉悦,这并非因为从他者中丰富自我,而仅是清扫自身,最好应该这么说,清扫某种沉闷之物。

事实上,我们很清楚能够品尝自己文化中所有积极的成分,但同样也吸收了所有的糟粕、所有的愚昧;相比其他文化,我们对自己的文化更加敏感。因此与之保持距离总是好的。

倘若你们身处美国的一片荒漠,诚然,此刻所有高深莫测的思想家都不会清扫欧洲文化,它蒸发了、消失了,这是一种愉悦,这种愉悦构成了沙漠感觉的一部分。欧洲文化是空间性的、物理性的,在某种程度上它是心理的,意思是,将所有我们自己文化当中的沉闷、沉重、惰性根本地排泄出去。

无论在哪里,也不必要非得在沙漠里,我们都能够实施这些东西。在某个城市里或者别的什么地方,最本质的地方在于:这提供某种根本陌生性的地方,使你们能够回忆起某种最低限度的、关乎你们出生的陌生性的地方,并非你们自己的国家。这便是我说的最本质的地方。这是我们能够马上应用于谢阁兰异域情调论的部分,这是异域情调诸诱惑的一种。

或许,这种形式毋宁说是对我们自身文化和自身欲望的排泄、驱逐,今天这种文化和欲望裹挟着我们的探索式的旅行和传统的旅行。

为什么我们今天旅行?就个人层面而言,或许不再有共通的理由。确切说来,旅行当中不再有经验的可能性综合。

诚然,所有的这些东西都还存在着,它们作为旅行美学的一部分继续存在着,但这些范畴比起那些试图颠覆其自身文化的、严格说来用以消遣的范畴,换言之,比起那些逃离其自身的空间、逃离其自身的空间-时间的范畴,就不那么重要了;最终,一种逃离性的旅行使你们获得某种可逆性,获得一切事物的易变性和透明性。

这是水瓶座时代(l'ère du Verseau)[①]的旅行,这不再是某种领土式的或是地球上的旅行,而只是某种飘忽不定的盘旋游荡,在任何情形下,你们都能逃离内在的、私人的、身份的以及领土性的幻想,简而言之,逃离那些建构起一套坚实

[①] 该术语本意指古代玛雅人预言的新纪元,从 18 世纪末开始,法国人便将其吸收和发展成为一套展望未来的理论。20 世纪 60 年代,法国知识分子试图将东方宗教系统同西方知识系统整合起来,以重新检视人的生存,由此掀起一场名为"水瓶座时代"的运动。

的价值体系,但今天这些是饱受质疑的。所有的这些,正如同我们谈论日本时候所谈到的那样。

我们再来讨论这些范畴当中的一个,从一开始我们就关注到它了,即异域者。这个古怪的词是谢阁兰用的。我们要来看看,它是否有自己的位置,在这个旅行的新的维度上(尽管这个维度今天已经很典型),异域者、异域情调、关乎某种本质的异域情调的研究、关乎某种陌生性的研究是否存在可能性。某种意义上,异域者这个词语隐藏在所有类型的旅行背后,它或许潜在地构成了支配性的维度,此外它跟某种过渡状态相联系,这包括透明性、沟通、所有事物的流转、事物的圆弧轨道性以及所有它在此所造就的东西(包括性关系)种种情形。

那么,倘若旅行在这种圆弧轨道里阵亡了,我们是否还能准确地捍卫谢阁兰所说的、异域情调的本质性要求呢?

我想,可以。我们先前谈及日本的时候已然解释过这个问题了。我们已然谈到过这个超历史的国家,它听任流转过程当中超历史的技术的摆布。然而,这个国家部分地停留在谢阁兰所说的、永不可被理解的领域当中。当今世界一切都变了,一切都模型化了,一切都蒸发了,但它仍是不可透析的谜团。我不得不这么想,即便日本人也对此无话可说。我们问过他们,但是他们自己也没法解答这个谜团,因为可能里面没什么好解答的;里面完全是某种不可透析性,是一个非兼容性的空间，我提醒你们注意，这是谢阁兰所谓的根本活力的源泉。

倘若这种不可透析性，这种不可理解性停止了，倘若我们成功地以某种普遍原生质解决了所有的差异性问题，其活力消耗殆尽，其魅力荡然无存，其生活骤乎中断。因此，最好就是如其所是，不应该反过来追求诸差异的中和或者被差异这一范畴所中和。

我们并没有就日本问题给出一个结论，但是我们可以看到，即便是在当代的、技术文明的顶峰，也还保留着某种绝对盲区或者绝对空无的内核，这与巴特所谓"符指之空无"（vide du signifant）是相联系的。在日本文明当中，归根结底总是存在着一个空无的区域。事物最终是围绕着这个空无所组织起来的。我们不能辨识它，我们不能解释它，它就是那样。当然，我们能够在其他国家中找到一些这种异域情调的隐喻。

我把澳大利亚视为一种神奇的能量、想象的对跖点。诚然，地球是个圆球，但它也分为两半，对跖点并不只是倒置的两极，而是一个完全异质的世界。这些差异来自文化、地理还是磁力？我们不知道，但是你们能够强烈地体会到这一点。

我们在拉丁美洲很少体会到这一点。在澳大利亚，除开这个国家的动植物都不同于其他国家这一点外，这里的时间也不同于别处，事物的、动物的时间极其缓慢，并且这也并不是因为它们懒惰。我们有这种强烈的、身处对跖点的感受，换言之，南半球的心理法则和旋转法则都不一样，它的水流旋转方向都是不一样的。

对跖点只是某种置换的效应。我们穿过某条线——赤道（它或许是等值线、度量线），我们发现自己身在一个处于这些等式之外、处于这些联系和差异之外的世界；我们能够把某种文化的事物解释为不同于我们自己文化的却能够试着去理解（因为差异即是被理解）的东西，但穿越赤道的我们也处于这些事物之外。

此时，不只有一种差异性：某种不稳定的能量，它属于他者，并且同旅行当中最具张力的阶段相联系。这些在空间上的远大旅行，曾是在南美洲的美妙旅行时期，也曾是他者美妙的时期，在此期间，他者以其对跖点的形式侵入世界，换言之，这是一种完全陌生的、来自别处的形式。

如同我们说过的那样，随后，这一时期来临了：理解、重新认识他者、探索、驯化这种陌生性。但是也存在着一个他异性喷涌而出的时刻，这是崇高的时刻。对于那些经历过这个时刻的人们，最兴盛的时刻要归于18世纪，或许稍微早点。抵达那些大陆是一个时刻，今天这个时刻已然难以寻觅，但也正是该时刻构成了谢阁兰所谓的异域情调旅行的愉悦。

该时刻是优越的时刻。随后，它贬值了，我们身陷旅行的图圈。我们到处能够感觉到这种陌生性。我们已经在日本那里看到了这些，我们以一种更为自然的形式在澳大利亚那里重新找到了它，因为它仍然是嵌入对跖点的地理学当中的。我们能够在所有的国家重新找到它（包括北美），在我看来，甚至在它们自己的文化当中重新找到它。这完全可以归结为如是的问题：我们要知道是否还能够在自己的文化当中旅行，就如同在某种奇特的陌生性的环境中旅行一样。

我认为这是有可能的，这也是我们一开始从某种意义上的人种学开始谈论的缘故。我们这里的方法恰恰是对人种学研究事业的倒置。我们不试图创造某种和解的、被重新认识的整体世界。相反，在这里我们试图回到它自身的文化，以便发明其自身，探索其陌生性。这便是所倒置的地方：不是去化约异域情调，而是反过来发明它、创造它或者重新发现它，倘若它还存在的话。这便是奠基于对人文科学之倒置的研究事业。

我想补充些有关美国的想法。这是同样的旅行的原则，它完全不是重新认识的旅行，也并非为了寻找美国梦、美国的生活方式，为了解决其问题、其矛盾，最终成就其现实的本质，这些我们或多或少是知道的，然而在某种意义上这些也是可以实现的。

相反，我已经试图以某种星球的角度来着手论述；此外我已然在一开头就选择了"星球美国"的题目，它意味着保持某种规则、保持某种距离。我们尤其不同美国的现实相接触；此外，美国的现实，它所试图描绘出来的现实，归根结底，已然被美国电影、小说很好地阐释和描绘了出来。

应该像谢阁兰所说的那样，同距离和陌生性游戏。恰恰应该接受这种游戏规则，这种不受束缚的、乌托邦的幻想。我们从来不是美国人，如同我们从来不是博罗罗人那样。你们从来都不能够认识某个原始社会的现实。即便是宣称能够做到这一点，或者总是试图在这种异质性现实当中大搞融合、大搞混淆的人种学家，也生活在某种柔和的幻象里。

应该捍卫这种星球的距离，不要玩弄差异和相似的小把戏，而是试着把美国——或者其他事物——看成是陌生的。在这里，北美出现了，我们说过尽管它有所过度，是某种欧洲文化和价值体系的立体放大，但其自身也构成了我们文化的一部分。但是在我看来，倘若你们如此旅行，美国便是一个完全陌生的对象，它同欧洲相去甚远。

这是一个虚构。它对不对呢？我不能确定，但是——并且这也挺正常的——你们立足于某个陌生性的基础来建构起你们旅行的虚构。巴特对日本做过同样的事情。他说看到了一些不能理解其中内涵的符号，他将它们集中起来，把对日本的幻想投射在某种完全逃离自身的，但对自身而言又完全保持谜之魅力的事物上。

基于这个视角并且在此基础上，美国是一个表面上十分接近欧洲的国家——我说的总是北美——但是事实上它表现为某种完全陌生的东西，即便就其现代性而言也是如此，它总是离我们欧洲人很远。倘若你们从其总体来把握的话，这个国家表现为某种变易不定的对象。倘若你们下降到事物现象中的细节来看，当然不是那么回事。你们将重新发现许多事物，而旅行却是一个重逢的游戏。

你们拥有的真切的、形变的印象，你们在沙漠中或者在城市中获得它们，这种变易的感觉在另一个世界立马重新被发现，不仅仅是在横跨大西洋的那个世界，而且是心理上也处于另一条圆弧轨道的世界。这是我在某种程度上将它同原始社会相比较的原因。此外，美国人自己对这点也看得不是那么分明。但是对我来说，它意味着事实上采取最泾渭分明的距离；未来的原始社会（不过这个说法说了等于白说）也意味着某些真切的事物，它们远离我们，但是其强度，恰恰残存于这种同你们文化相联系的某种文化所臆造出来的距离当中。我认为秩序或者说美国的秩序、美国事物的状态，是同我们的秩序或状态虚构性地异质的。那些在这种团结的幻象中旅行的人，竟然对此抱有一种不屑的、倨傲的态度，在此他们是自以为洞悉一切的人的一部分，他们在此什么也看不到。我不能再跟你们描绘这些了，应该去体会体会。但是，这里存在着某种在完全异质的星球上所进行的旅行。

这也意味着,要到达天狼星的视点,到达本质性距离的视点,应当能够如同惯常的那样对其起源予以抽象。这对那些原始国家来说是真实的,这也是我们赋予日本的那些东西,因其没有起源病毒,一种陌生性。因此如果你们要去找寻起源即原因,所有的内容都变得令人熟知,但在某种意义上,所有的内容也失去了自身的隐秘。

在此,应当保存这种起源的距离。美国很好地做到了这一点,因为它离自己的起源很近。于是我们可以说,在此限度上,原始社会或许是令人魅惑的,因为比起我们的社会,它们更加接近某种神话起源。倘若我们认为美国是今天世界上最接近于其起源的国家,它有没有那么个起源?它其实没有,因为它同其起源有个断裂。它没有自己的独创性(originalité),也正是这种缺失,在某种意义上构成了它的力量,它令人魅惑的能力。

另一方面,我们可以说,这是如是的一个国家:某种惊喜诱惑着我们欧洲人,因为它如此地接近于自己的起源。它只有几个世纪的历史,这在心理上创造出完全不同于我们的另一个世界。即使我们对此一无所知,我们已然有数千年历史。

事实上,这便是起源的短路。起源被完全排除、遗忘,它单纯地不再存在了;它是如此地接近,以至于不再有一个起源。无论如何,某种起源(而不是独创性)所赋予的领土性的形式消失了，恰恰是这种去领土化将某种独创性、天才性赋予本质上绝对非表意性（insignifiant）的空间。

从对象、符号等角度，我们能够将一个被美国生活模式所召唤出来的空间看作总体的非表意空间。但这个非表意空间又恰是十分有趣的，因为在某种意义上，它们重新接入了巴特谈论日本的时候所描述的空无符指。在此，那种美国旅行也没有采取符号的力量，但它几乎是更加令人震惊的。对我们来说，这是十分陌生的，因为我们习惯于用符号表意事物，将它们放置在某个位置上。我们发现一下子卸下了重担，同时免于这种义务，因为赋予事物以意义，是一件神圣的义务，是任重而道远的。

另一方面，这也使某项谜一样的计划得以开展：事物没有意义，这是如何可能的？一个没有文化的国家，是如何可能的？沙漠的隐喻，是对所有文化、所有领土、所有风景的迷狂的否定，它甚至不是一个风景。你们会在某种完全令人惊讶的、圆规轨道式的失重状态下再次相遇，就此来说，这伴随着某种总体陌生性的形式。

这在某种意义上是对日本的倒置。我们可以说，在空无符指里，我们能够投射某种表意的丰实。符号在此是如此庄严规整，它们是沉重的，但是在某种意义上我们是无法理解的。

对于美国而言，是相反的情形。所有一切在这里是轻盈的、透明的、飘浮着的，它没有意义，也不需要去寻找意义。在某些方面，本质上的非表意性重新接入了本质上的意指性，以便创造出对于我们而言完全陌生的整体世界。

这也可以说，在某个特定的历史时期之外，在政治意识形态之外，所有一切在某个就价值体系而言完全非表意性的、景观化的、吸收所有一切的舞台上以其他方式游戏着。就此而言，这是到达我们认知极限的通道，我们拥有此通道的某些元素，但我们仍然生活在某种浓缩的文化里，这种文化仍然信奉意义、信奉价值。不过变易也在此产生了。我们身处某种悖论性的现实当中，这种现实称所有的价值体系在此或多或少被实用地现实化了、物质化了。它来源于如是的事实：你找到所有你需要的东西。此外，并不值得去想象某个事物，因为它已然在那里，在某个对象当中了。

因此，这种被现实化的乌托邦、关乎千禧年预言的形式，在虚空中被非物质化，并且已然创造出某种过渡状态，在此限度上，我们不再熟知这种过渡状态，因为我们身处这种现代性的一端。我们处于某种贫乏的、微小的现代性当中，它是十分小布尔乔亚式的、19世纪式的；在某种现代性的模式里，我们不再进入永生。

我不打算就这个问题讲太久，但是我把自己定位于如是的视角：我知道那些美国的神秘。我不在电影的意义上谈论美国的神秘事物，而是把它看成关于一种国家变动之谜，这一国家以颠倒的视域,重新加入了原始社会的不可探寻的秘密,或者究根到底地说,重新加入了日本符码的神秘性。并且我认为,这是在所有语境、所有国家当中都适用的,而且其内核是同我们所说的内容,同我们在幻想中、在某种事物悲惨的普遍化的毒化(所有生活模式的美国化等)中所体验到的东西是相反的。

我认为这是一种幻想,并且我不太知道怎么评判它。它不能再以某种形式存在。同时这是一种明见的东西:异质性是不可描述的,不可理解是永恒的。如同谢阁兰所说,这是事物的法则。

这种确信或看似是非理性的;诚然这是有关世界的一个本质性的预设。并且在事物的状态中,换言之在某种确证的水平上,这也是真命题。不管在哪个国家,我们都能够真切地感受到这一点。只有在走过了许多国家后,我们才开始意识到这一点。在旅行的第一个阶段,我们是反过来被统一化、被重新认识细微差异所诱惑的情况。但是这些差异不再制造出一种陌生性,相反,这个意义上的差异越多,我们越是能够辨认出方向。

因此,在旅行的第一阶段,我们轻而易举地被这种统一的全球化所征服,这种全球化也是当今广泛流传的理论。事实上,它在自己最为广泛熟知的意义上,被观光所证实。但在某个时刻的尽头,显然有些国家比起其他的更富有,这便倒置过来了。我们由此被这种来自所有彼此关联的生活方式的本质陌生性所震惊。我想举巴西的例子。我们也详细说过，这是一个美国大资本的国家，的确如此。换言之，最为愚蠢的全球化的现实符码也全都集中在那：家长制的技术性文明、银行、电视。圣保罗是一个异乎寻常的、全球性的例子，比芝加哥或其他城市有过之而无不及。然而这并不妨碍这个国家成为某种根本性对抗的形式所存在的场所，这种对抗性存在于美洲的（我们熟知的北美）、资本主义的（倘若我们还使用这个术语）技术文化和某种完全异质的文化之间。

事实上，同时也存在某种野蛮反文化（anticulture sauvage）的平行延展，它来自黑人，来自巴西东北，但它今天已然席卷了巴西所有的城市。相反，我们所能确信的是，这种文化并没有随着其他文化的增强而倒退。争论，或者用更糟的词汇，冲突，就存在于这两种文化之间；其中一种或许是技术、反文化，另一种也仍是一种文化。或许我们能够说是第四纪文化和野蛮反文化。

目前而言，游戏还未结束。我们觉察到，有一个完全拟像的第四纪文化，它是资本主义的、技术性的，它自我发展着，并且随着发展吞噬其他的文化。诚然也存在着一种巴西文化的野蛮残忍的效应，它总是来自黑人。

它作为理性文化被某种他性文化的吞噬而出现，通过舞蹈、节日表达出来，我们可以把它当成某种文化残迹而推开，这些残迹完全还没有进化，是那些完全不真实的东西。相反，这是一种生机盎然、活力四射的文化，它在慢慢吞噬其他的文化。归根结底，我们不知道谁在吞噬谁，但是不管怎么说，这是一个赌注，同我们国家所面对的情形是不同的。此外，在巴西不存在政治上的整体世界，这是一个完全疯狂的、模拟性的整体世界，但是游戏还没有结束。没有人知道这个群体会发生些什么。

相反，相对于种族主义、人种和本质的差异，仍然发生了某些陌生的事情。如同你们所知道的那样，我们还没有成功地解决这种困境，这点是很清楚的，因为我们生活在幻想当中，幻想着能够调和本质上的差异、整合它们、吸收它们等。这恰恰是我们理性主义者的乌托邦。很显然，我们从来没有摆脱它们。我们越是在化约差异的路上走得更远，这种现象就越是加剧。

或者说，在巴西正在发生其他事情，它有效地走向诱惑。换言之，种族彼此相互诱惑，它们并没有相互争斗，但是从这个种族到那个种族，诱惑的效应能够带来吞噬，带来野蛮残忍。

尽管明显存在着现实的、经济上的差异，事实上这个根本的问题已然"被解决了"。但是这些差异并不在感觉中、心理层面存在，因为根本问题在深不可测的异种交配中被遗忘了。换言之，事实上人们在某种整体的异种交配里解决了对抗性问题,整体的异种交配也使得各自根本冲突的对象消失了。当然,这还保留着其他的冲突,这些冲突同原有的对抗性相互混合,但是后者不再像从前那样延续下去了。

种族主义因此并没有被正面克服,完全没有在意识形态上被克服。此外,这个国家是一切事物的巨大混合体,但种族交配是一种实用的、粗野的解决方式。这是一种混合,诚然是性的混合,但是在一开始我们发现对于黑人来说、对白人而言非凡的魅惑。这总是一种没有真正受到经济支配的文化。这里存在着某种浮动的形式,某种人种或者种族间持续不平衡诱惑的形式。这创造出一种混合,一个完全新颖的实体,这是属于巴西的,除去极度贫困,它也诱发某种在别处找不到的狂喜和愉悦之感。在种族交配、在充沛、在诱惑中,存在着某种能量的、生命的源泉。因此,这仍是一个我们不熟悉的、完全异质于我们对社会现实的幻想的集合体。

我认为我们还能够拿其他国家练练手。倘若我们给定某种解离联系的游戏规则(它关乎传统和当前的实践、关乎旅行的实践,也关乎我们总是最终应用的意识形态),那么这种异质性、陌生性总是可定向的。

既不是真的有对抗性,也不是不再有差异,因为差异是一种相对秩序;确实,这是一种本质上的异域情调,我们也能够参照谢阁兰的说法。它总是现实地或者潜在地在那里,尤其是唯一诱惑性的事物。相反,其他的去生命化、去差异化、去同一化的过程,并不乏味。因此,我认为这个新的旅行范畴构成了此秩序的一部分。它很有趣,但唯一具有魅惑性、诱惑性的真正的东西,是该力量、该对抗的陌生性(我们总能到处重新找到这种力量、这种陌生性)的不可描述性。

所有南部尽头的国家,阿根廷、南非、澳大利亚,在法规和立法方面是极其不同的,但是它们全都是种族主义的国家,这些地方存在着土著人的总体性灭绝。今天的阿根廷还保留着很多这种野蛮的行径,即便印第安人已然被连根拔起,如同在北美,所有的印第安人完全被驯化、被降服。巴塔哥尼亚,这片火焰之地仍是荒芜之地,仍保存着某种野蛮。这里当然没有逃离政治权力的控制,但是这个空间仍然抵抗着领土化。

当今世界唯有一个这种地方,或许还有澳大利亚,不过澳大利亚完全不是相同情形。因为巴塔哥尼亚还是所有的逃亡者聚集的地方,是法外之地,是无政府主义者的居所……所有这些构建起这里的共同体。这是一个废品堆积处,也是世上所有边缘人群的避难所。因此,这是一个充满激情的国度。

在列维-斯特劳斯看来,诚然我们找到某种自然主义的乡愁,它建立在关乎所有文化进化过程的深层分析之上。在此限度上,他的幻想是无可争辩的,并且是美好的。但在我看来,这一悲观幻想仍有局限。或许应该用谢阁兰来纠正列维-斯特劳斯?

就我个人来说,我没有攻击他的悲观主义,因为对我来说这似乎完全是有自知之明的表现。事实上,这是最为机智的、批判的、感性的幻想:我们能够掌握所有这些文化的命运,并通过它们掌握我们自己文化的命运。

但是,那些我向你们叙述的美国的东西,并不能对他那么说,因为他有这种想法:归根结底,一种在某种意义上是毁灭性的模式已经建立,且如此终结。而我完全没考虑这一点,我觉得应当走到另一边,看看那些不是自我生产而是作为另一种能量的东西,那些不再沿着同样的圆弧轨道运转的东西,那些不再突出领土的东西。领土遗失了,倘若我们把这当成某个价值体系、文化体系,领土完全地、潜在地遗失了。但是在这个去领土化的空间里,又发生着其他的事情。一种建立在对文化、起源的否定之上,建立在完全的陌生性和异质性之上的游戏。

人工的愚蠢和他者的智能

马克·纪尧姆

　　此次研讨会中我提议探讨的他异性形象，是那些所谓的智能机器的形象，是交互性机器总体的特殊范畴。

　　如同在我研究尤其根据西方需要创造出的虚构性日本时那样，我不打算谈论现实的机器，虽然我经常依据它们性能的现实性，或者依据那些我自认为所了解之物的现实性。智能机器，如同我们所梦想的那样，是一个想象其他存在的托词。从这个角度出发，这些机器的性能没有其**他异性人工制品**（artefact d'altérité）的身份更令我感兴趣。

　　这不是个新问题。那些会说话的脑袋，在中世纪末就被许多僧侣——尤其是米加修士（l'abbé Mical）——所建构起来，正总如宗教禁令出现时那样，它们证实这些人工制品释放出各种各样的幻想和冲动。在18世纪,不仅仅是那些木头脑袋能说会唱,而且身体也被赋予活力,这尤其归功于法国机械论者沃康松(Vaucanson)的天才。同时并且在颠倒过来的意义上,想象着人类不过只是一台机器,这是一股强有力的思潮,尤其得到了医生兼哲学家拉美特利(La Metrrie)的支持(神奇的命运使得拉美特利和沃康松都在1709年诞生)。如同拉美特利在《人是机器》(*L'Homme-Machine*)一书中所展示的那样,其唯物主义设想延伸到人类身上,这一延伸表面看来显然是荒谬的,如同笛卡尔论及动物的唯物主义[《动物是机器》(*Les Animaux-Machine*)]。

因此这是个老问题,它或者关乎某种人与非人(动物或机器)之间的断裂。该问题令我们回到达尔文及其随后世纪的继承者,至今以更为不引人注目的方式,困扰着某些围绕人工智能的争论。然而这些争论超出令信息学家和神经生物学家感兴趣的技术性问题,引入一个全新的、反思人工智能程度差异的维度。这一反思关乎某个难以把握的对象,因为很难保持一定的距离以及建立起某种比较。机器提供了如此一种坐标,一个便于比较的术语。首次进入人类思想智能,在今天仍是一个相对未知领域。

奇怪的是,我们对无意识比对意识了解更多,至少我们对前者比对后者更感兴趣。因而我们流利地使用记忆、智能等术语,但总是带着许多含糊不清,同时将本该区分的概念杂糅起来。

为了引入这个反思，我将从鲍德里亚的一个公式谈起：**智能不过是他者**(il n'est d'intelligence que de l'autre)。首先，这是一个我确信我已经理解，至少部分理解的公式。其次，我在一些意指上有些犹疑，我这里不太能理解，但是我还是从这里开始思考。思考而不理解，可能是人类思想的力量，正由于其不完善性本身，带来了自身力量。这也是一种被禅宗调动起来的力量：禅师对他的弟子说出或者做出一些不可理解的事情……这些自然的"不完善性"，可能还将长期限定机器的能力。机器的"智能"，初看起来也是简单而非完美的。在此意义上，不完善性将人类智能最为简单的他者、智能他异性的基础等级都物质化了。至少应该把握鲍德里亚指令的第一层次，他在的智能。

人工智能的主题和术语大约出现在 1950 年。美国人所建立的大机器提供了一种计算能力和速度，这在之前的好些年里看起来是不可想象的。引入欧洲后，我们继续将它称为"电脑"(computers)，虽然它们能够通过符码来运算，并且能够执行那些不局限于算数领域的操作。诚然，法国人很快就要发明计算机(ordinateur)这个单词，更巧妙的是，这个词带有宗教的内涵[神品晋升礼(ordination)]，该词的发明者[勒格朗(Legrand)，索邦大学文学系教授]明确地接受了这层意味。这个主意提出后，对某些人来说是个俏皮话或者隐喻，对另一些人来说显得更严肃,总之电脑变得智能了。或者说,至少在不久的未来,它会因为预期的进步而变得智能。

对于那些想要建立起一种纪律,想要使得这项雄心勃勃的研究计划合法化或者资助它的人来说,人工智能首先是一项令人高兴的语言学新发明。这个表述在集体想象中得到迅速的回应,并且那些源自电子大脑或者人工大脑的表述广为流传。在同专家学界直接牵涉的主题之外,三十年来关乎人工智能的想象一刻不停地引发争议,并滋养出一些或多或少带有严肃性质的思辨。

通过继续玩味那些人工智能的奠基者所予以参照的词语,我们能够接近其中部分的争论和思考。这些奠基者中最杰出的一位——图灵①在他那篇著名的文章里开始了这场游戏:《机器能思考吗?》("Une machine peut-elle penser?",《心灵》杂志,1950),他从技巧谈到了机器,从智能谈到了思想。他也极富热情地将他所提出的问题化约为一个关乎模仿和身份确证的游戏:什么是人,什么是机器?并且他的实验附带着提出:什么是男人,什么是女人?在这个(过于)简单的游戏中,根据机器和人类主体回答的独有的一致性,图灵总结出人和机器的不可辨明性,随后,借助于某种完全不合法的理论漂移,他确证说机器也能思考。他自己的思考看

---

① 艾伦·麦席森·图灵(Alan Mathison Turing,1912—1954),英国数学家、计算机科学之父、人工智能之父。

起来因为满足于不可辨明性而僵化了,在他传记的一些元素里,人们找到这种不可辨明性具有诱惑力并牢牢扎根的原因①,不过我们先把这个次要问题放在一边。

上述这些研究的首要功绩是强调了人类理智程序的多样性和异质性。某些程序或许能够被某种简单或复杂的机器(这种机器已然被创建或者我们可以预见它被创建)所执行,或者至少被模拟。另外一些程序看起来似乎还是专属于人类的,至少暂时为所有人工制品所无法企及。这条界限也同智能这个术语一样模糊。所有的含糊之处都是有可能的。人工智能是一种词义可变的表述,它同所有的表象所兼容,每个人都能把某些表象当作人工智能。

这也是一个生逢其时的表述。毕竟我们已经能够说人工智能关乎第一代计算机或者关乎第一代自动下国际象棋的机器,后者由西班牙人罗纳尔多·拓尔西·克维多②在1914年所实现(但他只满足于完成国王的走法部分,只能够同仅剩国王的人类对手比赛)。计算的能力,更一般地说来是那种记忆并且应用形式规则的能力,诚然是人类智能的一部分(理性一词源于 réor,计算的意思)。但是这一部分在我们看来实在是太微薄了,太"机械"了,以至于无法做到在不

---

① 这里暗指图灵的同性恋身份,因为这种身份,他试图借助于人与机器的混淆而实现性别的混淆。

② 罗纳尔多·拓尔西·克维多(Leonardo Torres y Quevedo,1852—1936),西方牙工程师、数学家。

歪曲的情况下极尽展现出人类智能。人工智能的早产本就注定了自身的无价值。相反，这一主题更晚的登场形态是更具问题价值的。比方说，我们今天知道，那些不假思索地运行着的心理性操作，是最强大的电脑所无法承载的。我们更好地领会到大脑的高度复杂性，更不必说其功能的复杂性，对此我们所知甚微，除了一点：大脑和如今大部分电脑有本质的区别。

这个启发性的隐喻，今天为许多脑神经科学或者认知科学的专家所质疑，因此进入了我们的集体想象，并且同时它也是一个侧重于信息科学的公共讨论域（认为我们的大脑是某种计算机的观念，甚至有助于其神话学基础的建立）。那些我们所能预见的信息科学的进步，以及那些我们确信的关乎人类大脑的知识，使得那些最天真的希望以及最具野心的研究计划被允准。当时，图灵、西蒙[1]、内韦尔[2]以及其他杰出人物都预计，未来的电脑能够思考并且帮助我们思考。另外一些人态度更为谨慎，他们看到尽管计算机十分强大，的确是一个能够帮助我们思考的工具，但是它并不具备一种真正理解或者进入某些其他认知状态的能力。

这条原初的分界线一直持续到今天。存在着两种对人

---

[1] 赫伯特·西蒙（Herbert A. Simon，1916—2001），美国管理学家，曾获美国计算机协会图灵奖。
[2] 亚伦·内韦尔（Allen Newell，1927—1992），美国信息科学专家，曾获美国计算机协会图灵奖。

工智能的接受态度。其中一种不那么强烈但十分具有操作性的接受态度包含所有这类研究：其目标是让机器去模拟人类或者动物智能的一些形式性操作。这些机器的能力和速度令人瞠目结舌，它们在深刻改变书写、阅读、记忆和交流的条件。然而电脑的本质没有改变。它们吸纳智能机械，而我们不能为之赋予人类或动物智能的身份。诚然，它们在许多重大操作中的表现优于我们，但这些仍是非本质的。简而言之，这些机器并没有执行任何智能**技巧**（artifices）。

机器更多让人想起那些"白痴天才"，这些天才能够在几秒的时间里算出立方根，但是关于其他事情（包括数学）的智能，往往最大限度地衰减。像戈尔本（Z. Colburn, 1804—1840）这样的神童在八岁时便能轻易地心算出 8 的十六次方，但是上小学受教育后失去了这些能力……这些神童当中没有一个人——即便是后来成为著名工程师的毕德（G. P. Bidder）——能够解释他们成就的机制：他们畸形的智能似乎是缺失的。然而这似乎验证了，他们所因循的机制并不类似于当前电脑所执行的机制。

持强烈接受态度的人认为，人工智能具有其他野心。挑战不再是制造天才或者白痴的机器。诚然，在不久的将来实现智能机器的愿景遭受了失败，至少相对的失败，例如，逻辑理论家（Logic Theorist）或者一般问题解决者（General Problem Solver）这些大型项目的失败。但是那些试图去运行"思维模拟"(特意使用了这么个模棱两可的术语)的研究数量已然增多,并且很多研究者(尚客、埃布尔森、维诺格拉、维森鲍姆、麦卡锡等①)都最终或多或少明确地拓展了该思潮奠基者们的研究工作和研究视角。

不必进入这些研究的具体细节,我们可以说,它们表现出某种被智能与大脑简单天真的表象所触动的情结;某种源于一种信息模式的再现,按照这种信息模式,智能和大脑之间的关系同程序和机器间的关系一样。不该惊讶于此:大脑的内容再现只能够借助于可供使用的技术性手段,我们也已经看到水力的、电力的、控制论等模式相继兴起。这些模式,尤其是现存的信息科学模式,更有助于人们的具体应用,以及更好地理解我们智能过程的某些方面。但是那些信息科学中的新东西,其实是一些人的执念:相信或者想让人们相信计算机能够帮助我们去思考思想,去把握思想所拥有的具体。

塞尔已经很好地论证了(尤其是在其 1980 年的文章《心灵、大脑和程序》②中)这种执念的荒诞特性。在我看来,他

---

① 几人依次为 Roger Schank(1946— ,美国人工智能研究专家、认知心理学家)、Hal Abelson(1947— ,美国斯坦福大学计算机科学系教授)、Terry Allen Winograd(1946— ,美国斯坦福大学计算机科学系教授)、Joseph Weisenbaum(1923—2008,德裔美国斯坦福大学计算机科学系教授)、John McCarthy(1927—2011,美国计算机与认知科学家)。

② 约翰·塞尔(J. R. Searle,1932—),美国语言哲学家,此处所援引的文章为"Mind, brains and programs"。

的论证似乎可以通过一个简单的寓言故事来总结。

假如有这么个人，我们知道他不懂某个事物，比方说中文。我们把他放置在电脑里，随便找个借口让他仔细地执行软件程序指令（在这种情况下是翻译软件），使得电脑"说话"，或者说翻译中文。然而你们不能就此说，电脑里的人学会了中文。即便他已经掌握其应用的全部公式，也只不过在模拟对中文的理解。他最多能去评估一个短语的句法正确性，但没有任何获悉语义的方法。

那些相信或者想让人们相信一个形式上的程序能够创造思想的人，采取了某种诡辩术的欺骗手段，他们借助于某种比喻或者类比的理论迁移，越过思想的模拟抵达思想本身。在 18 世纪，人们已然成功地用一些自动机器的程序来欺骗大众或者哗众取宠。开普伦①的机器就是如此，它的国际象棋下得极好，在全欧洲引起骚动。其实，这机器是由身材矮小、藏在棋盘底座里的象棋大师暗中操纵的。两个世纪以后，方式和意图都改变了，但是废除人类和机器之间差异的可能性的魅惑力仍然存在。现在不再需要人类藏在电脑后面来下象棋或者翻译语言，但现状是某些人试图将人类思想化约为一些形式化的成就。

这并不意味着人类智能和思想是那些我们今天或未来

---

① 沃夫冈·冯·开普伦（Wolfgang von Kempelen，1734—1804），匈牙利作家、发明家，以象棋机器、说话机器闻名于世。

构思创造的人工制品所无法企及的。但是这意味着,这样的人工制品应当同那些它所实施的程序相互作用,也应该同其自身的环境相互作用;简而言之,应当表现得像一个接口、一具身体,并且因此习得某种自动性、某种结构地自我组织的能力。最为简单的学习形式也意味着所用神经联系的重新安排,即使是神经元数量很少的普通海螺(海兔属)也是如此。目前大部分的电脑还远没有到这种海螺的"智能"水准(这也是加德纳[①]称之为计算机悖论的东西)。的确,其他的尝试则沿着和神经网络领域极为不同的方向推进(瓦雷拉[②]、利维[③]),这有望于取得更好的成绩。更有意思的还是基因算法,它回过头来模拟有性生殖的能力,把达尔文主义和基因学的原则应用于程序和机器当中,这使人们能够设想机器的自我转化,设想其神经元网络为适应越来越复杂问题的重新组合。

然而在这个领域当中,导致混淆的是这一事实:电脑使用概念,却不因此就通向其智能。就其及其操作所从属的范畴而言,一个形式化的程序是一种概念分类和应用的手段。相反,要通向概念的智能,正如大脑和人类意识所做的那样,

---

[①] 霍华德·加德纳(Howard Gardner,1943—),美国哈佛大学认知和教育专业教授。主要研究发展心理学。
[②] 弗朗西斯科·瓦雷拉(Francisco Varela,1946—2001),智利神经学家和哲学家。
[③] 皮埃尔·利维(Pierre Livet,1945—),法国普罗旺斯大学哲学教授。

从具体出发,并持续从其自身引出某种抽象。观看尤其先于知识和它所授权的形式化的操作。对于一台拥有抽象智能的电脑来说,它缺乏感知具体的方式,这是属于机器而非属于程序的东西。这便是为什么,在那个人藏在机器里头应用其程序的寓言里,我们立刻明白他因为无法深入具体而什么都没理解。即便他能够通过一系列的符码操作翻译成中文,也不会因此理解中文。理解,是通向含义的途径,含义则意味着完全不同的事实:心理形象,某种具体、有形等特点的经验厚度。

当前电脑的智能可以被定性为抽象,但这并非在人类智能的意义上说的:人类智能是抽象的,却缺少抽象;是形式的,却缺少形式的知识。此外,它的能力来自这种现实的缺席,这种现实的缺席同样构成了它极为片面化的特性。

事实上,它缺乏人类智能和思想的其他维度。电脑应该不仅能够学习而且能够学习如何去学习,思考其自身的思想(这个同哲学一样古老的疑难),思考其物理实体——其"身体"——同世界的其余部分或者其他维度相区分。由此到达笛卡尔主义的"我思"(cigito),同时不忘笛卡尔曾说过的灵魂比身体更易于认知的观点。掌握了意向性,尤其是那种永远不满足于它所是的意向性;同时不忘帕斯卡尔所下的判断——"算数机器的运作效果,较之所有动物行为,更接近于思想",小心地加上了"而机器无法做出任何行动证明其具有动物的意图"。由此最终打开了交流、语言和象征秩序的大门,但并非那种程序化的形式的象征,后者不过是没有"意识"的句法而已。

从今天起,我们能够想象某种人工装置,它能够赋予其自身合适的、同其自身保持一定距离的对象,从而模拟一种"自我意识",一种"人工意向性",甚至"人工欲望"。

有种说法:这些被赋予了思考属性的人工物,或许能够在遥远的未来被现实地建造。然而,倘若说没什么能阻止我们设想它可以实现的话,也没有什么来保障我们设想它一定能实现。鉴于神经科学和认知科学及其信息化应用之间日益加剧的鸿沟,没有比这更不确定的了。

从这个角度来看,"思想机器"在认知科学的阵营里占据的位置相当于外太空在天文学中占据的位置。我们可以想象外太空的存在,或者认为它们的存在是可能的。但是只要其存在还没有被发现,它们就还是一种假设的状态。同理,思想机器也应该保持着假设性。

即使这个假设被证实了,两个术语——思想和机器——之间的联系还是成问题的。塞尔在我所引用的那篇文章的结尾问道:机器能够独自思考吗?回答:能,机器能够独自思考,并且我们的大脑确切说来就是这么一台机器。在我看来,这是一种文字游戏。或许这关乎某种比喻的方式,以便坚持其中心思想,照此中心思想,人工智能"在思想方面从我们这几乎没学到什么,因为思想对机器而言什么都不是"。这是某种借助于机器这个词汇(通过人为地延展了该词的常用意义)而进行游戏的讽刺态度,与此相对应的是缩减了智能和思想这两个作者所批判的术语的含义。但是他所采用的这个字面的表达,已然不加证明地从某种没人会质疑的、最小限度的唯物主义(所有的心理进程有着某种物质性的支撑,比方说大脑,并且这些心理进程是对特殊物理进程的反应),过渡到了最大限度的唯物主义(所有的心理进程都被还原为物理进程)。

两种接受态度的筹码之间的差异是巨大的。诚然人们想到,认知主义者并不试图重蹈"生机论"(它提出有机界和无机界之间有着某种绝对的断裂)的覆辙。但是,倒置过来的错误是,过早地相信并不存在任何断裂。

亨利·亚特兰①要谨慎得多,他确信,这种断裂或许存在,并且即使它不以某个确切程度的形式存在,它也可以或者应该演化为先于他者所提出的东西。"这种使我们谈论人工智能的模式意味着,在隐喻和类比以外,比起充足理由,某种自然理性的公设依旧强盛——也因此更为严格。"或者说,倘若理性原则"是一种现实的属性,不依赖于我们认知官能的功能模式,或者是这种官能的投射,该投射的成功在现实

---

① 亨利·亚特兰(Henri Atlan,1931—),法国生物医学家、哲学家和作家。

当中定义了理性的孤岛",那么它在逻辑上是悬而未知的。

即使在机器和大脑间不存在一个延续性的解决方案（不管是在现实的层面，或是在投射于其上的理性层面），主体/对象的区分或可通过某种先天的象征性断裂而得以维系，这种断裂存在于那些被定性为机器和那些被定性为主体的事物之间。因为机器的本质是属于某种终结的方式。如何设想和接受一个主体只是某种为了其他主体（这种主体自身也不过是机器）的世界？如何拒绝一种最小程度的、笛卡尔主义我思的变体："我思，故我应该存在？"（Je pense, donc je dois être）最后，那些将机器从主体中区分开来的例子，所揭示出不是这一种或那一种能力，而是某种象征规则的独断性的能力。

因此，在期盼着人工技能的进步时（它在技术层面是如此伟大），我们对主体存在的哲学理解并没有发生根本性的动荡。相反，这种人们期待的进步所引起的、想象性的再现，是一些有趣的永恒母题的变体：人类主体在面对孤独和死亡时的被遗弃感。

通过不排除生物学手段的方式，创造出一个被赋予认知官能的人工物，创造出一种本是我们的造物，却表现为普罗米修斯神话之实现的他异性。但是这个创造者的位置并没有使得我们摆脱人类的处境。更有趣的是我们的造物能够通向不死。这自然意味着它在世的存在（être-au-monde）是根本不同于我们的。一般而言，创造其他的思想形式，变得更加引人入胜——或变得更加容易。因为有关外太空的梦想（或借用 E. 莱蒙恩·卢奇奥尼①的说法"宇航员之梦"），在不必经由星际旅行的情况下也实现了。"在我们的世界以外选择"变得可能了，原先这种不可能性被弗洛伊德归诸宗教感情（见《文明及其不满》），也是科幻文学自其诞生那刻起便乐于探索的东西。

但是在这个愚蠢的梦里，仍然需要甄别。怎么去应对总体的他异性，去应对"不拥有人类观念的机器"（让·鲍德里亚语）以及凭借它们不能建立起任何的交流？通过研究这些问题，斯坦尼斯瓦夫·莱姆②借着《索拉里斯星》（*Solaris*）某个人物的口说道："我们不需要其他的世界。我们需要镜子——一个唯一的世界，我们的世界足够满足我们了；但我们不能接受这个世界本来的样子。我们寻找自己世界的一个理想形象——我们从探索某个星球、某个优于我们的文明出发，却将其建立在我们原初过往的某个模式之上。"

在某种思想的创造物之外，那些我们在机器梦里所追寻的东西，是对我们自己思想之谜的刺破。我们试图创造某种智能——既非相同的也非不同的——这种智能将帮助我们

---

① E. 莱蒙恩·卢奇奥尼（E. Lemoine-Luccioni, 1912—   ），法国文学评论家、精神分析学家，著有《宇航员之梦》（*Le rêve du cosmonaute*）。
② 斯坦尼斯瓦夫·莱姆（Stanislas Lem, 1921—2006），波兰科学小说家，代表作为《索拉里斯星》。

思考自身的特异性:当机器吸收或者至少模拟了我们的智能过程时,我们自身还存留什么东西以帮助我们接受自己的命运。

根本地来说,那些认为我们不久就能建造起这些机器的人们试图高枕无忧,并且它们的想法是具有诱惑性的,因为这些想法是令人鼓舞的。倘若设想这些机器的临近,便是摆脱了灵魂和此在(Dasein)的重负。建造一种人工智能意味着某种无望的抢救,这不是为了保留生命而是为了拯救必死的人类。关乎机器的贫困的、退化的幻想,在其自身的运行轨道上诓骗着人类-对象(homme-objet);但是这种幻想已然加剧了某种本质他异性的、"在客体和主体之间第一性的异域情调"(如同谢阁兰所言)的诱感。

梦想着有一种机械-主体(machine-sujet),它具有创造性并且可以交流,或者还设想着某种借助于生物学微观进程的生物信息杂交,或者直接由人类思想所操控的电脑(日本已经研究出来),这也是一个更具问题性的层面,它玩弄着某种本质差异性的观念:超人类。

这也是为什么人工智能对我们的诱惑力存在于某种类属的异域风情的整体笔调中。这是某种我们倾向于受骗的诱惑,也是一种作为幻想的智慧形式的诱惑。信息形式跟计算机通信形式大有不同,在后者中,对他者的探索通过文字游戏和荧幕手法得以实现,允许和主体甚至和机器的含糊性。

智能人工制品的非人他异性对性的异域情调而言是一种拍卖。伴随这种他异性，我们走进建好的异域情调和人造他异性的时代。第三个千禧年的真实世界可能再也不会在我们星球的空间、郊区相遇，而更可能在这个整体人工化、我们的环境以及我们自身中相遇。

这对智能和他异性之间联系的探索将我们带回作为思考出发点的公式：智能不过是他者。为了开始这个话题，我认为可以区分出智能的三种形式，即便这种区分本身不过是某种思想的经验，比起思考不知悉这些边界的人类思想，第一种分类尤为有用。

首先有一种诸对象物的智能（intelligence des objets）：数学对象的、物理世界的、活生生存在的，甚至人类的智能（倘若我们把人当成被剥夺了思想的对象物）。第一类智能的地理图绘是极其多样化的。这也是计算式的智能（机器、博学的傻子、自闭症患者……），其效果有时是喜剧式的，这种效果源于面对连接生命存在的机器装置时的不适，形式的、模糊集的智能也是如此。也唯独在这个领域，科学的范式已然建立起其普遍真理的体制，这也包括一些社会科学，在这些学科里认识论的身份并没有使得主体占据其作为主体所应有的位置。这种智能形式是不留余地的（其结果或真或假，其行为尺度是被定义的）。因此，它有着一些局限。

这种对客观世界的感知形式建立在对立的基础上：在此层面上，应当着手解决自身和他者的对立。反对这些术语就如同反对第一宇宙起源说的主张那样。在我看来，正是开普勒①发现了，或者至少说完全澄清了，即便是连续体（比方说自然规律的连续体）也能够从对立的角度来思考："所有的变量源于某种对立的两面……亚里士多德提出同者(le Même)和他者(l'Autre)来作为最基础的对立两面，希望用某种更高级和更普遍的方式，将哲学置于几何学之上。在我看来，事物的多样性(alteritas)只能源于自然……对于亚里士多德而言，他者是独一无二的术语，我们则区分为两个术语，即最多(le Plus)和最少(le Moins)。"

这种计算的、连续性功能的思想能够建立在最简单的对立原则上。此外，它能够以二进制的方式来表现自己，信息学中的0/1，所有连续形式的数字化。这种最低限度的多样性也提供了一条通往世界最低限度的可理解性的途径，这是一种电脑能够模拟的、计算式的可理解性。但是它无法超越计算、无法重新思考世界、无法发现世界的其他"法则"。康吉扬②通过一则轶闻来解释了这种不可能性。当人们问牛顿，你是如何发现万有引力定律的，他回答道："整天在这里

---

① 约翰内斯·开普勒(Johannes Kepler，1571—1630)，德国天文学家、物理学家、数学家。
② 乔治·康吉扬(Georges Canguilhem，1904—1995)，法国巴黎高等师范学院哲学教授，培养了福柯等一批著名的学生。

思考。"(En y pensant toujours.)此处的"在这里"(y)指向一个逻辑上的空无,它没法儿在电脑程序里找到位置。发明要求一种朝向未知的可能性的、朝向其他知识、朝向对某种已然被理性化的事物之超越的运动。最终,某种对思想的批判性思想已然进行。我们只能够通过思考构成第二种智能形式的思想,来**重新思考**(repenser)世界。

从笛卡尔以来,这种对思想的思考建立了现代意识的本体论。费希特以某种挑衅方式确认道:"所有的哲学都在于这般地认识主体……应当为此对新的反思对象做出简单的思考。"似乎这种自我意识已然逃离,逃离所有的电脑。但是它是否还没有,或者至少部分地没有逃离人类自身?此外通过以某种含糊的方式(但这或许是一种已然约定俗成的比喻)诉诸哥德尔[①]的理论,一些人相信只有在它自身更为复杂的情况下,某个系统才能理解其他系统。或者在另一个层面说来,是不是同样的审慎给了兰波[②]以灵感,他写道:"说'我思'(je pense)是不对的。我们该说:我反思我自己(je me pense)。"尼采也说:"某物思考,但是相信这物是古老的和出名的我,这是一种纯粹的对立。"(Quelque chose pense, mais croire que ce quelque chose est l'antique et fameux moi, c'est

---

① 库尔特·哥德尔(Kurt Gödel, 1906—1978),奥地利裔美国数学家、逻辑学家。
② 让·尼古拉·阿蒂尔·兰波(Jean Nicolas Arthur Rimbaud, 1854—1891),法国诗人、文学家。

une pure supposition.)思考自身的思想,便是尝试将后者视为一种他者的思想,但是同时按照定义而言,也把它化约为了同类。应当将它视为一种本质上的他异性,而这显然是不可能的。在所有情况下这种智能,即便已被化约的,也从一切科学尺度中逃离。

这种智能也遭遇了另一种不可能性,即思考自我而不思考他者的不可能性(参见《存在与虚无》的分析),除非拥有某个将他者化约为同类者的纲要。因此这是一种永远不完美的、片面的智能,也开启了心理学的、精神分析和哲学的道路,但是倘若它不能转向第三种智能的话,便什么也生产不出来。

世界的、自我的和他人的智能是一种开放的、无边界的智能。它不再属于逻辑,而是属于辩证法,换言之,属于两个主体间的交流(这二者永远不可能协调一致,即便它们共享着同一个独一无二的理性)。学派假设中,两个同一性的存在共享同样的知识和理性,认知学派〔尤其是丹尼尔·C.丹尼特(Daniel C.Dennett)和 F.瓦雷拉〕承认他们的思想只能发生分歧,因为它们源于更为简单的认知属性,由相互作用的集合组织起来,并且这些起源不存在共同法则。

因此他者永远不可能完全化约为自我,永远是不可理解的(谢阁兰语),就其自身的身份而言永远本质上是差异与类似并存。他者是这种不可理解性的源泉,这种不可理解性不限期地重新发动而非妨碍了思想,并且因此取消了某种绝对知识的期望。这是一种无边界的智能，确切地是因为它总是留有余地（不可理解的余地）。在每个存在的根基里都存在着不充足理由律的原则。这种不充足理由律我甚至不能够单独把它拿出来说，否则我就落入了充足理由律。如同布朗肖所写的那样:"倘若人类的存在是那种时常从根本上自省的存在，它便不能将这种超越于它的可能性纳入它自身的算计范围。"不完备性的原则、本质的和不可理解的他异性迫切需求伫立于此。

从间隔、差异（某种并非独断性的，而是相反完全轻微以便于模仿的差异）的事实出发，起源的进程达到了一个更高的水准，在某种意义上，这是通过放弃其自身思想的基础而实现的：应当听懂他者的智能这一表述，比如"与敌人共在的智能"（intelligence avec l'ennemi）。

最后，正是他者及其持久复兴要求着思想的、思考超越性的意志。但也要求着在世界中的自我意识，以某种"主格之我"（Je）的追索形式。在某种意义上，对某种最低限度的游戏规则的追索，是为了使得它同每一个人相协调，归根结底去思考它想要什么。

人造性与诱惑

让·鲍德里亚

继人工智能和机器他异性之后,其实总会提出同一个问题。即他异性濒危的问题。他异性是一件处于危险中的杰作,是一个在像我们体系一样的体系中已然失落或者走向沉沦的对象。这一体系可能包括人工智能体系,以及一般沟通的体系。

通常的看法是,沟通的整体现实体系依托于某种操作机制,该机制由人们称之为人造性的断层所组成。换言之,其中不再确定无疑地存在着信仰、意愿、权力和知识。主体或行动的所有功能或范畴都被某种模型化所恢复,旨在使人相信、使人愿意、使人知晓:信息是为了使人知晓,而沟通是为了使人相信、使人知晓等。

并不能确切地说这是操纵的结果,但整体说来它处于某种机制之下。所有的范畴,变成了操作的而非行动的范畴。就此而言,所有的事情都发生在这种人造性当中。我采用人造性这个术语,是因为它具有辅助作用:你在这些范畴里面都能找到它的辅助,所有的一切都发生在人造性当中。

这也或多或少回到我们已然解释过的拟真上来,不过这还是采取了另一种看问题的方式。这一人造性(它也因此是创造行动的机制)无处不在,它使人行动,使人愿意,使人欢愉。在这个某种意义上可谓封闭的操作空间里,人造性影响着行动的闭环,技术性无论软硬都隶属其中。

通过将这些行动封闭起来,它驱逐了所有否定性的事物。换言之,使人行动归根到底是一场行动的整形手术。有些类似这样一个面孔:人们在手术中把那些否定性的东西排除掉,制造出一张理论上完美的脸。换言之,这里只有肯定的、理想的东西。人们把这张脸上可能异在的、否定的、自相矛盾的、不对称的东西删减掉了。原则上,个性、行动、表达等的秩序或多或少被这一整形手术所形塑着,从而生产出某种人造模型。

我不做道德评价,但显然这种人造性并非无辜。特别是当我们谈论他异性时,面部整形的例子是站得住脚的。事实上,人类的生动面容包含着某种他异性,换言之,一种同自身的矛盾。这里也能勾勒出一些符号学行动形式的特征,它部分地为整形手术所抹去。当然,我们也能把整形手术的例子搬到基因操纵的情形当中去。后者同样旨在抹去那些否定性的特征,试图找到其中本不存在的模式化的一致性。换言之,它事实上旨在抹去仅仅与同质性不对等的他异性,因而旨在抹去异质性,创造出同质的整体。

我们加诸自然界、在飞地之上所做的事情(抹去否定性的特征,以便使其保持着这种理想模式),与关乎整体秩序的整形手术是同一件事情。事实上,条条大路都通向这种意愿、身体、性的现代化。我们也能够幻想某种改天换命的研究所,在其中我们能够重塑其形象符号。一种能够将你的需求、欲望、生活和符号同质化的研究所。符号是一件命定的东西,它能够打败你。原则上这是某种你力所不及之物,是不可预测、不可兼容的东西。它也几乎是我们此在生活之命运所限的最小范围。

这种符号理应能够被每个人的形象所重新模式化。我们也清楚地知道,性别差异是命运和命数的一部分,它就如实地降临到我们身上。它也将迈入这么一个阶段:选择和改变性别成为可能。这就关乎以各种形式删减命运的全部他异性,以及使得并不相容以及不能相容的东西,因为某种形式与符号普遍的普遍救赎而走向相容。

这为我们提出如下的问题:到底什么避开了这个体系?这也是我们有关他异性的问题。今天我们能够标记出那些还是他异性（换言之属于某种确切命运和命数，不被异化）的东西吗？他者如同心理学上的伴侣，但是改变我们的生活。

什么避开了这个人造的体系并仍旧构建出某个具有标识性的他者？这个他者或是秘密性质的，但是其中又存在着某种他异性的游戏，以及在这种他异性中必然地存在着命定之物？

显然这个故事是我所关心的东西，但是在我看来事实上我们并非寻找心理学上的他者，或者说，我们并非寻找社会学意义上的、社会性心理剧意义上的、他异性心理剧意义上的他者。从对立、理解和妥协的角度来看属于我和他者的东西，即是辩证法的整体。比方说托多罗夫和克里斯蒂娃书中所涉及的东西，只是属于异化而非他异性的领域。两者是有些不同之处的。

异化事实上是如是的整体：万物相连，我变成他者，矛盾双方的辩证法，接着是差异、游戏、宗教崇拜、我们今天所处的差异文化的某种和解。问题一直延伸到种族主义。

这个问题是有趣和复杂的，我们从这个方面可以谈论很多事情。但是似乎我们很少谈论另一种他异性，这种他异性确切来说不是心理学、社会学或者形而上学的秩序，而是如其所是的他者，也是我们一开始谈论谢阁兰时候谈到的，本质的异域风情。

在此是否存在着第二种他异性、他者、对立面的星点光芒？我的兴趣更主要在于试图迅速看到那些能够同"使其行动"、同人造性相对立的东西。它仅仅关乎某种他异性的或多或少地宏伟消逝。我们将采纳这种他异性。这里有许多东西。诚然这不是一种同人造性相对立的自然性。在这个意义上，重新发现一个自然，一种自然他异性或者自然的、自发的同一性，看起来仿佛是一个神圣的誓言。

这里有个触及模式化和机器体系的问题。不需要变成一台电脑来构成人工智能的部分。今天我们周遭所运转的所有机器、所有模式都揭示出这种人工智能。

如同我们日益了解的那般，这些机器是脆弱的。我讲的也包括社会机器。好在对我们来说，这些机器总存在着遗忘、缺陷、中断、惰性、鼓掌。在我看来有趣的事情是：在这些畸形的片段里，在这些非运转性的残余里，在人造性不能运作的地方，我们或许得以迂回地找到他异性的事物，换言之，找到被体系所祛魅的命运。偶然性在某种意义上是策划了这一切的他者。就此来说，他异性在某种程度上被异质化。但这是某种隐喻，一种他者即机器的说法。

所有偶然的、故障的、过失的、偏差的、愚蠢的东西，以及最终这一体系本身，就是我们的他异性，即是我们的他者；在此意义上我们自己变成了机器。我们自己功能性地运作着，并且不再完全地陷入理性体系之中那般否定的、贬抑的情形。坏的符号以某种方式颠倒过来，变成了好的符号，换言之，在某种程度上整体不再陷入一般的人造性。但这只是一种偶然的他异性的视角。我们还将拥有另一种他者，如果允许我这么说的话，这种他者是更积极的。我讲快些吧，因为我们已经在讲到日本的时候谈论过这点了。运转的人造性或同纯粹的人造性、纯粹的人工性相对立。

归根到底，我们能够同文明、同诱惑相对立。所有的二元性借助符号而游戏，但是在此，其中一方在某种程度上借助纯粹符号而游戏，另一方则是因凭符号的操纵。使用我们的术语，我们能够这么说，人们在人造性中将趋于反对矫揉造作。这是某种能够同人造性游戏的品质，能够在人造性自身的运作中与其嬉戏。矫揉造作也揭示出某种术语上的贬斥意义；这是一种在我们追求真诚、真理的文化当中所包含的特征。我们在此采用其字面含义。这也是在操作体系当中顺当地嬉戏着的品质，但它在某种程度上也悄然于嬉戏中将自身转化为符号和幻想的体系。

矫揉造作放任符号运作，在此他者相信操纵着本质或者存在。人们或是操作性的，尽管他们完全不相信参照性的操作体系（比如东方世界的体系）。这就是我们讲过的日本人的例子，在此，我们将人造性还诸人造性。换言之，通过某种重叠，我们通过超越（le plus que）挫败了使动性（le faire faire）。操纵因此不再是某种最低限度而是更高限度的东西。

这一次，就一般公认的含义说来，矫揉造作即画蛇添足，即过度增补。那些造作的东西，其实是加补上去的东西。人们将某种行为、某个文本、某项语言过度符号化，于是从纯粹的命运陷入人造性。由于过度增补，夸大了符号和表意过程。人们重新组合形式，如同诱惑的形式所勾勒出来的那样；这一诱惑是坏的符号与坏的符号之间的对抗。人们也通过重复人工性、矫揉造作而逃离人造性。

我们把日本的例子当成一个他者的模型。这是一种同我们相联系的他异性，这是一个比我们的文化更为精致的文化体系。日本文化体系确实在操作性上比我们的更为强有力，因为其最终矫揉造作的东西在体系的意义上为其迟钝、为其意识形态的沉重所释放，它因此比起那些通过理性来运转的体系更具有操作性。

这在某种程度上是一种策略，也诚然是今天日本的策略。然而，我认为这种人造性其实是普遍的。即便在我们日益变得具有操作性的社会中，所有人都服从于操作原则，却并不相信事实就是如此。我相信深层的可疑性、不可知论和差异性是普遍的。这或许是某种幻想，某个乌托邦，但我感觉此系统在这种深层非依附于操作体系与事物人造性的基础之上，运转得相当好。

所有人都或多或少是不可知的，但对这个不可知性一无所知。对此没有确切的意识。对于大多数人来说，没有人采取犬儒主义的态度,但我们既身处这个特征鲜明并协调我们之行动的人造性当中,也或多或少是犬儒主义者。

我们可以通过体系的机械性过载来解释这一现象,但它不是唯一的原因。极有可能也存在着这种策略,这种事实,它们在现实中统治着人造空间。今天的操作性、压力、躁狂、行为的神经官能症,所有这些都是某种疯狂的人造性,并且它已然变得比我们预计的这种方式更为古怪。我们能够谈及某种操作性的附庸风雅,这种操作方式我们已经通过某种途径窥见它的全貌,这点我们做得不错。通过这种矫揉造作,我们提高到人造性之上。这在某种程度上也是一个操作性的审美竞技场,它将我们或多或少地从使动性中解救出来。

我们已然描绘出诸策略当中的一种,以便逃离人造性。我们说,人造性是某种借助剩余来予以悖论性回应的策略:人们做得过多。它也是某种借助不足来予以悖论性回应的策略。这种不足并非做得过多,而是做得过少,是放任自由。在这一人造性(我刚刚同你们迅速提及过的)的重临中,所有与此联系的策略是否意味着我们能够对抗使动性?放任自由。放任它意愿,便塑造了它的意愿;放任它相信,便塑造了它的信仰;放任它知道,便塑造了它的知识;等等。

在法语当中,我们能够做出这个区分。但在德语里,助动词 lassen 有两个意思:做和放任其做。这个语境总能够给出某种区分的可能性,但这是同一个动词。英语相对来说区分度少一些。在使其行动(le faire faire)和放任其行动(le laisser faire)之间,存在着某种平衡游戏,存在着逆转的可能性。但是这完全不是同一种策略。

我不相信这是某种回撤、放弃、无为,以及自愿异化的消极形式——我任其驱使,任其迷惑,任其运转……在某种行动的、意愿的道德律的层面上,这是对的;但这毋宁说是某种暂时缓解压力的策略,是讽刺性的、将他者的欲望关切转移到自身的痴迷。也就是说,我们不再能自己承担起一种信仰、意愿、知识等责任。我们将其转移、转嫁到他者身上。这是一种欲望或者意愿的策略,也是某种迂回因而也是某种诱惑的形式。应然将其解读为某种策略,完全不是什么不在场或者消极性。在我看来,它今天应当成为抵抗甚至是进攻的策略,在某种程度上是一种诱惑的实施。

或许这比起直接的意愿和行动来说更为有效。比起使其相信,放任其相信极有可能更为强大,更为巧妙。所有媒介技术都借助于使其相信的方式,制造出许多幻象;这些技术说到底可能比放任其相信更少有成效。

总有某种拓展其生活、其欲望,以延伸至他者处,从而再度找到某种特异性的方式。因为在这里他者实实在在地牵连其中,完全不是某个对立的、同自我相分离的术语;我从他那里转移了我的欲望,我的意愿,他被牵扯进某种他异性的过程中。即便如此我也不能重新发现某种命运——这命运并不牢不可摧——它成为我自己生活的某个行动者,在某种程度上它是这个操作的底层支柱。我对自己生活的操作计较得并不特别清楚,我移注到他人身上,他人为此买单。

许多文化在象征秩序当中以完全系统化的方式实践着这些内容。总是有着某个他者为你们自己的生活来买单。在一个等级制的秩序中,个人的生活完全没有一个权威性的负责人。所有人都得为此买单,要么通过将来的他者,要么通过某种过去的生活。于是所有文化都清楚地知道不存在他自身的欲望、自身的意愿,知道所有这些不过是乌托邦,知道这是通过意愿的转换、隐喻、转移的系统来实现的,知道事物如是良好运转着。他者为你们的生活买单,你们也能够为其他人的生活买单。

在这种循环里并没有人造性,意愿循环着。存在着某种深层的含混性的解决形式,这种含混性同所有的功能相关联。意愿、能力、信仰、知识等,都属于这些功能。倘若我们把这些功能加诸自身,便使得我们成为一个矛盾体,因为应该把这些东西同他者对立起来。在此刻,我们同他者处于某种力量的联系中。在此了无一物。我们身处与个体同他者之间紧密相连的欲望的、意愿的象征联系中。

我们可以诉诸精神分析,因为无论如何,它都触及这个问题。它至少在我们的文化框架里重述这个问题。在其转换过程中，在其纯粹的、原子的形式里，它没有拘泥于某种分析性的元语言。在此存在着某种秘而不宣的有效性，倘若真的存在，可能就是分析的核心。分析完全不存在于文化差异当中，也不存在于进化和命运的循环里，相反，分析试图通过自我重新分配所有的一切。

因此，人们可以被如是的历史所引导：放任其相信，放任其行动，乃至令其抛去愿意负责任的、具有意愿的自我；比方说，使其不再有能力去相信，而只能够相信有能力去相信的他人。归根到底，在某种程度上他不再操持这种功能，而是争夺其他的东西。

人们不再有能力去爱，而是爱那些去爱的人，他们认为后者有去爱的能力。人们既不愿意也不再知悉那些他们所想要的东西，而是相信那些愿意着的或者能愿意其所求之物的人。他们将自身安置于某种一般性的失范，某种一般性的缓和，在其中，力量、意愿、知识不过抛诸他人。这些东西并没有被抛弃，而是像呼叫转移那样被抑制到另一个层面。这或许既是消极的也是积极的。

比方说，当我们看图像的时候，视角是有功能性的。稍加反思就知道，我们并不通过我们自身来观看。我们不过是通过屏幕、照片、录像带、新闻报道这些已然被看到、被中介和重构的东西来观看。

事实上，我们不再有能力去看，而只能够去看那些已被看到的东西。这或多或少如同行动和使其行动的情形,在此存在着同样脱钩的情形,即使其观看:那些通过已被看到的东西,同经过它所转译的东西,是同一样东西。

我们让机器替我们看,正如同我们让电脑替我们做决定。所有的功能,不管它是组织器官的还是感觉器官的,在某种程度上都由卫星所替代。

其实这一策略可带来某些强大的后果,它或是积极的。结合使其相信或者任其相信的情形。例如,成年人使得孩子们相信成年人自身就是成年人。当然,情形到这就终结了。儿童们则放任成年人相信成年人是成年人,相信儿童自身是儿童。

双方策略在这个情形中是不平等的,从象征的角度来看,这无关紧要。成年人的信念并不由成功来保障,换言之不由使其相信来担保,但它对孩子们而言是切实有效的。事实上,成年人相信他们是成年人,而儿童完全不相信他们是儿童。显然后者处于某种不稳固的位置,他们没有这种幻想,他们不把自己当儿童,或许部分不把自己当儿童。然而他们逃离了这种信念体系,该体系当然是由成年人为之设定下限的。

事实上,儿童们在大人赋予他们的儿童地位中,并没有放任自身被束缚。因此,从象征策略的角度来看,成年人的策略并不比儿童们的策略更强大,是儿童一方获胜。儿童是儿童，但他们并不相信这一点。他们并不把儿童视为某种更高级的状态，也就是说，成年人把成年人视为某种更高级的状态，把儿童视为某种低级状态。自以为高级的一方在象征秩序中恰是自发低级的。在此存在着某种可逆转性，这种可逆转性总是确保他们处于底端的位置。由于儿童并不把儿童视为高级的、合法的状态，在这个意义上他们更为强大。但是他们放任大人相信，他们拥有儿童的策略，以及他们的诱惑力，因为这是儿童身上的一部分。

对于大众来说，情形也是一样。我们已经对此做出了分析。在大众的主体性和话语受限的情形里，大众被阻挡在如是的信念之外：他们不相信他们是大众。情形的确如此。谁会相信他们是大众呢？在此意义上并没有如是一个信念的主体。

在大众当中没有人能够说并不存在大众的镜像，也正是这一镜像区分了政治阶级：阶级成员相信并且依据其职业相信他们自己就是政治主体、知识分子等。他们或许采取犬儒主义的态度，但他们依旧相信他们自身的优秀。这种犬儒主义者从来都不等同于那些放任自己相信他者，即上层阶级、知识分子阶级的大众。

在此产生了奇妙的效果。比起政治阶级对于大众的干预，这种行动的效果并不必然同样清晰可见。但是在大众对政治阶级的意愿的吸收的过程里，这种大众深层的差异性是

人造性与诱惑

一种不为人所知的、可计算的差异性，是一种放任大众相信他们是大众的差异性，如此一来他人便能根据理性和话语来操纵它。

没有什么东西显白地运转着。大众从来都不相信他们自己。这是因为存在着另外一种能够令其愉快地承载其自身的效应，这同执拗地相信自己的人是对立的。换言之，同天赋恩典的、独裁专制等状态是对立的。但即便是后一种人，也没有把捉到如同政治物那般的信念和雄心；他从自身的本质里把捉到大众深层的差异性。放任行动、放任相信的策略，事实上通过相信那些拥有信念的人（不相信自己而相信拥有信念的他人），实现了自身的转译。

这有一个别开生面的例子，我打算提出来，它归根到底关乎相信那些拥有信念的人，爱慕那些拥有爱意的人，或者说追随那些已然有去向的人。人们在某种意义上并不追随自己的步伐，而是追随那些已有去向的人的步伐。在这里，我想采用一本书里的例子。这本书名为《请跟随我》（*Suite vénitienne*），作者是索菲·卡勒（Sophie Calle）。这位作者的历史底蕴很好。索菲曾在路上跟踪人们，她没有预先的意图，也没有任何事后的思考；她就是跟着人们去看看。她并无意愿刺探什么秘密；她不想知道别人要去哪里，只是完全纯粹的跟踪。

这样做过一段时间后，她开始迅速锁定稍微认识的某人，她知道这个人准备假期去威尼斯，并着手展开对他为期十五天的跟踪。

这是一场富有难度的工作，因为她得在威尼斯找到那个人，尤其那时恰逢威尼斯狂欢节期间。她最后还是找到了那个人并且跟踪他。她到处跟拍，而他当然对此一无所知。他当时和自己妻子一起。她跟踪那人，跟丢那人，重新找到那人，再重新跟踪。这持续了很长一段时间。她持续写日记，最后同她拍摄的照片一齐出版了这本书。

在此赌注是什么？她跟踪着那个人。这持续了十五天。她找了间公司去调查出那人什么时候会回来，并且成功地在他回来的最后一刻拍到了他在里昂车站的照片。这是一个极为复杂的故事梗概，它展示出耐心、努力、专注，以及最终在某种程度上可谓命运的东西。也可以这么说吧。索菲在特定的时空和特定的语境中，建构起某命运；这一命运不是我们不得不往前奔赴的命运，而是在我们身后的东西。

事实上她所建构起来的是这个男人的影子。是他在行进。他还要去往何处？事情没有被解释清楚，这也不是一个有待揭示的秘密，没什么需要去发现。他往前走，她在后跟踪。换言之，她就在那，委任着、代理着。她没有自己的命运，她跟踪着他。她变成他者的命运，在某种意义上可谓他者的影子。

摄影师是极为暧昧含糊的：她存在于那里，以及她跟踪着他的事实，就是某种明证——他哪都没有去。这剥夺了他自己长途跋涉的感觉；事实上，他所相信的、在他所走的各个方向中都能够拥有的这种感觉，是隐蔽的、秘密的、在他身后的，也就是尾随他的索菲。他当然对此一无所知。至少在很长一段时间里他并不知道。总会发生一些事件，因为到最后，他意识到这件事，剧情也发生了不好的转折。事实上，人们并不喜欢被跟踪。

这种秘密，这个在某种意义上可谓对其去向、其感觉、其生活线路的剥夺，在他察觉的时候终结了。诚然，当人们跟踪别人，即便其从一开始就尽可能地小心翼翼，此事便是微妙而真切的，因为它关乎如是的情形：你们是被诱惑、剥夺、复制的部分，你们在察觉之际时这情形才结束。人们通过重新发现自我、通过观看那些某个特定时刻所发生的东西而终结。这便是索菲身上所发生的事情。当然，那个男人很恼火，剧情向不好的方面转折，索菲也承担着风险。

事实上，她能到处跟着他，他能到处带着她，此间有着某种强制的行动。她因此承担着某种风险。此外，更好玩的最后阶段同样是其他秩序的风险。换言之，当她打算用这些照片出版此书的时候，他对此一无所知，但是他很快就要知晓此事，因为他意识到自己被另一个人所跟踪。因此，他反对这本书的出版，并声称他会让这本书被禁止的。

为了出版这本书，作者不得不同几个她相熟的朋友重返威尼斯,并且在同样的地点和另一个人重新拍摄这些照片。就她跟踪他这件事的意义来说,他变成了他者,绝对的他者;但必须在第二个阶段重版。在第二个阶段里,他不仅被跟踪,而且被以电影艺术的方式复制出来。这样一来,此书得以出版。

这个故事已然引起巨大的冲突,不过我们很清楚它的原因,因为这个游戏是一个精妙而审慎的游戏,也是一个诱惑的游戏。但是我们察觉到它是极其危险的。它还关乎别的事情,即某个人的行动轨迹,人们不能离开其轨迹而生存。如同影子那样,如同镜像那样,这些东西是关键的、本质性的。倘若人们将你的这些东西剥夺,便产生了某种巨大的空虚,存在着死亡的危险,不论如何是一种象征性的死亡。

这便是索菲所做的事情:她跟在他的身后。显然,她进入了他的轨迹,她自己却是没有轨迹的。她将自身的轨迹吞没于他的身上,也因此抹去了她自己的存在。随着他的前行和她的跟随,她抹去了这个存在。这是个令人惊讶的游戏。

这么一来,她便没有自己的存在,也没有自己的欲望。她从未有过事后的反思,这并非游戏的规则,也非涉及爱慕、性之类的故事。她对这个男人完全没兴趣。这里虽然有着某种冲突,却并无内容,也并没有通俗意义上的那种故事性命运。

整体是秘密的,它或多或少承载着秘密的服务,除了说这个秘密的任务有着某种命运,再无其他。使得此事对于被跟踪者来说更加高深莫测并最终更富戏剧性的,便是当他知道这件事的那一刻。索菲的赌注也是这种巨大的张力,而其中又是无内容的。在双重生活的意义上,这是纯粹的张力,这不是为了发现他者生活的秘密,也并非出于窥淫癖病态的好奇心。这完全不是窥淫癖,也不是变态,即便它具有诸多表征。这绝非发现他者的双重生活或者其隐藏的命运。

这是男人的秘密,而完全不是那些隐藏在他背后的事情。事实上,他者并没有双重生活;他者的双重生活,即是她自己的盯梢行动。换言之,她,索菲,在男人对此一无所知的那段时间里,变成了他的双重生活。这也构成了游戏规则的一部分,此事保持着某种盲目的、秘密的操作,毋宁说又是审慎的。对于他者没什么好说的。不存在解决、和解、结论;这是某种纯粹状态的剧情介绍,某种纯粹状态的事件,它没有意义,既无起源也无结果,所有东西都是任意的。它开始于某一天,结束于十五天后。从原则上来讲,所有东西都被抹去了,事实上,它没有留下任何轨迹。

但是在这段时间里,存在着某个命运的游戏,一个命定的游戏。就此而言,它由灰色的高地或者命运的高地所构成。这很难讲清楚。她并不将特殊性内置于自身,她抹去了自身;显然,这是一种对她自身所实施的操作,因为这首先假定了某项神圣的工作,某种献祭。应当说她在十五天里完全地献祭了自身,这完全堪比一种智识性质的工作。

因此,她清空了自己的人格。出于某些缘故,她过着乔装打扮的生活。所有的一切都是圈套,她成功地变成了圈套,换言之,这便是诱惑。她在这圈套中把捉他者,她成天跟着他,他也抹去了她自己的生活。

他异性在此显然是男人这个他者。但这完全不是心理学意义上站在对立面的他者,也不是爱慕性冲突之类的他者,完全不是这些。这不是异化或者狭义上的他异性,这是纯粹的他异性。在他对此一无所知的时候,她就是他者,她就是自己的命运。在某种意义上,他当然也是索菲的他者。

为了使得这种他异性得以存在,需要某种可逆性。这不是自我和他者分离意义上的对立,而是两人站在同一边的事实,他们有着相同的命运。他们有着不可分割的双重生活:事实上,其中一个是另一个的轨迹,其中一个抹去了另一个。他异性,在命运的意义上,揭示出两者面临着同样的风险。可逆性是总体性的,即便其中一个是影子,另一个是存在。这并不重要,这是可逆的。在这个案例中,存在着谢阁兰所谓的本质的他异性,而不是某种异化或者主体间心理上的特异性,在我看来,后两者是某种他异性的堕落形式。

这个例子本可以更好地进行点评。但这仍是一个某种不同的他异性的研究案例,这种他异性将他者推向特异性,并在其自身的特异性中予以推进。这个例子完全不关乎通过不同身份的对话、协商等方式来寻找某种心理上的和解。它无关心理学,而是某种神秘的、进入他者生活的方式;这不是在你们掩盖他者生活的意义上,而是在你们身处他者生活的秘密中的意义上来说的。他者有一个秘密,而她,索菲,在这一刻就是他者生活的秘密。这是一个极其吊诡的秘密:它或是幸福或是不幸。在此,它能够在某个特定时刻变成祸害,结论无关紧要。秘密就此而言没有终点,其本质就是保持其秘密性,它有着某种无意识的魅惑性。

与此类似,我准备给你们展示另一样完全不同的东西,它同诱惑的形式很好地联系在一起,但又完全是非私人的。它同病毒的形式相近,它在施尼茨勒(Schnitzler)某本书的引注里得到总结,书名是《关系和孤独》(*Relations et solitude*)。在此,施尼茨勒提出来的一个假设是:"或许我们能够把人体感染性疾病的发展视为微生物从其起源到巅峰再到衰退的故事。一个类似于人类物种的故事,诚然两者不可同日而语,但从观念的角度来看是一致的。"

这种微生物生活在血液、淋巴、人类个体的组织里。从我们的观点以及就人类的世界来说,这人就得病了。对于这些微小的个体而言,努力无意识以及不情愿地摧毁其人类的世界,并且时常是切实地摧毁它,此事是它们生存的条件、必要性和意义。谁能知道这些差异的微生物个体是否像人类个体那样知悉甚多,善于意愿和所求甚广,或者它们当中是否也有蠢材和天才之别呢？

我们不能因此想象，人类对于其他更高级的机体来说也是某种疾病。我们对这种更高级的机体一无所知，并且人类或许也会寻求其生存的条件、必要性和意义。试图摧毁这种更高级的机体，而且必须在其发展中逐步去摧毁它，便正好似那些微生物试图通过让人得病来摧毁人类个体。

我们难道不是不被允许去追随我们的反思性，不被允许自问是否存在着某个生命共同体（它关乎微生物和人类，关乎以小博大的世界的超越性）的使命吗？……原因在于，我们的精神只能够把握那些下沉式的运动，而永远也把握不了上升性的运动。

在此意义上，或能把人类历史解释为同神灵之间的永恒斗争。神灵自其诞生时，就一步一步必然地为人类所摧毁。沿着这个思想图式思考下去，我们或能够假设我们所超越的这个元素在我们面前表现为神灵，它只是被感到是神灵。就他自身而言，他又试图超越比他更高级的他者，如此直到无限。

我不知道这对不对，人们并不寻求这个故事的真理。但是这个假设，恰恰是因为它是个假设，所以它令人头昏目眩。这里，在微生物和人类之间，如同在索菲的故事里那样，其中一个是秘密，而另一个生活在其中，两者有着共同的命运，承受着同样的死亡；可与此相反，其命运是自我铺展，试图登峰造极的命运,并且它试图宣告其宇宙的灭亡。它对此世界一无所知,它也在这世界里一道死去。

换言之,在两者之间存在着某种共生关系以及某种整体的不相兼容。尽管两者彼此不相识,却彼此摧毁。当然在人类和病毒之间没有任何不可理解性。这里不仅仅是一种差异。我们不能说,人类是微生物的他者或者微生物是人类的他者,除非是在完全隐喻的意义上。两者不是对立的,两者并非面照面地看着,但两者在物种的延续性上、在相互摧毁的延续性上是相连的,没有人能想象这个过程。这种联系是预先注定的,但是不管人类还是最小的病菌,都不能思考这个过程。这种联系按照施尼茨勒的说法,它层层连锁反应直到无限。我们能够假设,究其根本,病毒注定要摧毁我们,我们注定要摧毁环绕着我们的宇宙,摧毁神灵……我们并不知道是否在此之上还有其他的连锁反应,我们对此一无所知。

这里的某些部分是一种本质的他异性。我们可以说,归根到底病毒是绝对的他者;就其彻底的非人类性而言,它是绝对的他者。它是我们所不知道的东西,是与我们不相同的东西,而这种差异是不可理解的;正是这种背后隐藏着的形式改变着一切。这同索菲故事的关联并不特别遥远。索菲就在那里,她潜藏着,她是秘密性的,她偷偷摸摸地改变了他者的全部存在。

所以两者几乎是同一件事。在此没有任何可能的协商,没有任何可能的妥协。我们永远处于谢阁兰所说的永恒的不可理解性之中。

这让我想起这么个故事：某种蠕虫的胃里有种藻类,这种藻类使它能够消化所有吃进肚子的东西。它只能依靠这种寄生的却又对它至关重要的藻类存活。直到有一天蠕虫产生了吃掉藻类的想法。而就在那一刻,它便走向死亡。我不知道它是否能够消化藻类,因为从原则上来说,它只有借助这种藻类才能消化。

因此总是存在着某种处于相互牵连之命运中的物种。在此与其说是对立,不若说是某种意义上的相互渗透、共生。我们不能询问哪个是他者的他者,什么是身处下位的他者,但是我们能够在这种共生关系当中,在保持着一定的时间距离的前提下,找到那些总体上的不可兼容性,找到某种他异性的坚实形式。

最后让我多说一句有关原初事物的话。因为总有人那么问,他想知道：那些原初事物是不是他者？我们已然多次谈及这种他异性,这种差异性。事实上,现在它们在如是的意义上已然成为他者：我们试图理解他们,不过是为了能够用它们布道,为了开采它们。然而,它们在如是的意义上也是他者：我们试图去理解它们,它们并非不可兼容的。即便这些原初事物有着某种完全异质于我们的生命,但它们不是脱离我们的。

我曾读过某种谈论阿拉卡卢夫人（les Alakalufs）的书，一群生活在巴塔哥尼亚南部的印第安人。这种人生活在一种难以想象的悲惨命运中，他们长期处于文明的最低水平。当然现在他们不存在了。他们在被白人以这样或那样的方式完全灭绝之前，存活了四个世纪。在这四个世纪里，他们什么也没有学会。他们从来不同白人谈判，也从来没有学习他们的语言，他们真的没同白人说任何话，从不同他们交流。在此有着某种完全的不可理解性。

白人对他们来说当然是一种外来人。此外，在某个特定的时期，他们自称为"人"（Hommes）：这是一个他们自己给自己起的称呼。然后他们把阿拉卡卢夫人称为"外来人"（étrangers），这本是阿拉卡卢夫人用来称呼白人的名字，白人却用来这么称呼阿拉卡卢夫人。他们本来用以称呼白人的名字回到了自身，是他们用自己语言当中的外来人命名自己。最后，他们变成了阿拉卡卢夫人，其意思是"给我，给我，给我"，因为他们不在任何语言中存在，我们只将其称为"给我"，他们变成了大城市中的流浪者。他们是人，然后是外来人，然后是流浪者。

但是在四个世纪里，他们从来没有把白人看作差异的他者，看作我们今天所理解的那种他者。没有。白人总是如同某样完全从别处而来的东西，阿拉卡卢夫人整天想的是他们的独特性。他们终日自诩为人，不存在同他们一样的人。这些优等人什么也不愿意说。他们没有获得任何技术，他们什么也不理解。但是他们保持着自身，保持着为人，并不存在他者。

于是对白人来说，阿拉卡夫人是他者，即便最初他们是野兽。但是在某个时期，基于某种文明的、殖民的意识形态，阿拉卡夫人成了我们今天所听到的意义上的他者。相反，对于阿拉卡夫人来说，白人永远也不是他者。

这点很有趣。因为在此有着某种联系上的不对称性。换言之，在此或存在着某种他异性的联系，在其中一方是另一方的他者，而另一方并不是起初那方的他者。我或许是某人的他者，但是他并不是我的他者。存在着某种去对称性的联系，这种联系是极度悲剧性的。这种悲剧是就阿拉卡夫人的灭绝而言的，其灭绝是历史上最为恐怖的事情之一。其灭绝正是因为这种同他者关系中的不相称。

我们所寻找的是某种更为坚实的他异性。在类似阿拉卡夫人的人群身上，我们找到了这种他异性。阿拉卡夫人是某种显而易见的彻底的独特性，至少从一开始，西方的、心理学上的、差异的他异性并未出现。在此总是存在着完全的他异性，在某种意义上这是秘密的、不可被穿透的。他们在什么都没学到的情况下死去，他们没有学会尊重他人，向他人说话，没有学到任何我们称之为文明的东西。

马克·纪尧姆

　　第一次读《请跟随我》的时候,我想这是一种能够让一个人角色扮演的手段,这对于引诱者来说是困难的。这有点像你讲过的改天换命。对于一个男人来说,自我转变,至少在表面上打扮成女人是容易的,但是要转变为引诱女子的人则无比困难。在我看来,在这十五天里,他扮演着如是的角色——与其说是女人跟着男人,不如说是男人以其诱惑性的角色跟着女人;在那里,他被跟随着。这是我如是假设的原因。

　　所以男人处于诱惑的位置,不仅因为其外表,而且在根本上他在这场游戏规则中抹去了自己。确切地说这是相互抹去,双方都受影响。

让·鲍德里亚

　　不过这并不关男人的事。

马克·纪尧姆

确切地说,这是一种非自愿的诱惑。然而那位化妆的女人在某种意义上与此并无关联。换言之,她在规则中消解了自己,随后我们跟随着她。当然,引诱男子之人至少有点本事。

让·鲍德里亚

我觉得在这里是男子被引诱,却是被客观地引诱着,在某个不明显的过程中。

马克·纪尧姆

这便是我有点犯糊涂的地方。

让·鲍德里亚

在跟踪男子的时候,女子转移了男子,因为她事实上在一种晦暗意识中转移了那些使得男子确信自己活着的东西。这种转移,就是诱惑。

马克·纪尧姆

不错。但应当应用你的可逆转性原则。在我看来,她跟在他身后,从而把他放在了引诱女子之人的位置上,不论他愿意与否。他同女人的差异,便是对此全无意识,然而他却从本质上被女性化了。

让·鲍德里亚

因为你想象的典型或者原初场景是,男人跟着女人?

马克·纪尧姆

　　在一般的意义上,诱惑的典型场景是两个人在某种习俗秩序里彼此消解:乔装打扮在此是一种征候,人们进入某种游戏规则当中,在那里其中一方捕捉了另一方的视线,在那里既没有爱慕关系也没有心理联系……这在通常意义上便是某种共同的消解。显然,在这里从一开始就提出了极为不同的规则,这种规则不能被共享,这是一种在背后偷偷摸摸强加于人的规则。然而基于这个立场,我认为男人处于诱惑的位置。

让·鲍德里亚

　　在这里我是从形式上理解诱惑的。承认在此不存在任何性别的或者爱慕的关系,在某种意义上这是纯粹命运的关系。换言之他者时常从他自身当中逃离。当跟踪男人的时候,索菲代表了如是的事实:这个事实使得男人相信他要去往某个地方,可事实上从本质上来说,他并不知道他要去往何方。她,女人知道,女人跟随着他,女人在某种意义上转移了这一点。她剥夺他的长途旅行的意义。引诱有些像这么回事,转移某人的意义,转移他的结局。

在此要提出两个问题:为什么索菲要参与这么个游戏,我们是否要探索其心理原因?就我个人来说,我觉得不用,这个问题没什么意思。为什么她要执行这么个命运的计划?为什么要执行这么个纯粹游戏的剧情?为什么男人一旦发现,就会产生报复性的愤怒感?这是一种正常的反应,我们完全无须对此产生争议,而只能去追问其深层原因。到底为什么会产生这么一种甚至想杀人的反应?

马克·纪尧姆

我想知道女人们是否并没有遭受着男人从来不是女性诱惑者的苦难、从来没有可逆性的苦难以及男人不能伪装的苦难?这并不是某种原初意义上的心理反应,而是某种女性共同的苦难,她们从来没有像男性那样戴上面具的权利。

因为在乔装打扮中,我看到了面具。恰恰是日本文化向我们极好地提出,女性的打扮的确曾是一种面具。作为主体的女性被这种面具剥夺了。这样一种独占面具的苦难是如此强烈,以至于事情发生了反转,随后男人开始戴上女人的面具。

让·鲍德里亚

男人因此是去伪装的。

马克·纪尧姆

日本人通过某种乔装打扮的文化来予以回应，这是某种带着面具的唯唯诺诺的人格。因此这是一种无尽的镜像游戏，因为随后女人们开始伪装得像男人在女人的伪装面前所伪装得那样。

在我们西方文化里，显然按照索菲·卡勒的人工制造的体验会是这样：如何把诱惑女性的面具赋予男性？应当提出某个游戏规则。这是极具人造特性的。但是否能这么说，这种顽念同某种私人的苦难相关：能怎样跟随一个男人？对于男人来说，完全不过是诱惑的愉悦，至少我是这么理解诱惑的。人们决定，不管是何种女性，这就是你们的命运，并且人们以某种完全的冷漠（从原则上说，根据其生理的或者心里的差异性）来预设这一情况。纯粹状态的诱惑可以这么说："你将是如此，我将跟在你身后。"这是一种男人才能获得的经验,女性没法获得。

让·鲍德里亚

我不知道。你谈到了性别差异,我没讲到那方面去。

马克·纪尧姆

这真的不是性别差异。我说男人-女人不过为了简便表达。诚然毋宁说女人指的是伪装的人,男人指的是去伪装的人。这是某种可逆转的他异性的嬉戏,它在男性-女性的角色里有效地被利用着,它也是某种诱惑当中遗失的回声。

让·鲍德里亚

我同意乔装打扮这点。在这里,我们能够看到索菲的跟踪行为,索菲在某种意义上伪装成他者的存在,她重复了那个男人。她的乔装打扮突显了那些事物,也为其填充了颜色。也在此,每个人都在关心她走向他的步伐。她验证那些被自己拍摄的照片、在留白处写下的文字重复的那些最无关紧要的事物。无关紧要性在此被某种意义、某种男子一所无知的表意方式所强化。显然，这有些像乔装打扮，戴上面具。面具是对某些事物的夸大，是某些事物的透视法；这些事物因此赋予了男人某种气魄、某种意义；但这种意义不能够被量化或者解码；此外，还赋予男人某种他不曾有过的张力。

我们是否能够设想在其他的意义上索菲也有着同样的体验？一个男性跟踪一个女性，但仅仅是同索菲一样的情节。或许那更不容易，因为这是一个并不无辜的事情。至于我自己，我相信那是命运的安排，换言之在这意义上它完全没有不好的念头。她完全是命中注定如此的。这是同命运嬉戏的艺术，同我们当中的每一个身份的完全缺场来嬉戏的艺术，但这种缺场性从不自我暴露，因为我们为了扮演好角色需要持续不断地填补它。在这里，在男人的联结中，她事实上废除自己的身份而走向他者，丢失了自己的身份，旋即在某种命运平流层里重新找到了自己。这是一个纯粹状态的游戏，它未必要由心理学的内涵来标识。我们能够坚定地认为，事实上在这个游戏里，存在着一个索菲，存在着那些她所是的东西。但本质来说她触及了某些超越她自身的东西。她拥有这种导演的天资，也应当承认这一步骤的人造特性。这些是我们可以获得的观念，但由此过渡到行动。或许堕落就在那里。我们可以把它当作古怪的念头，也将其写在纸上,但是它的实现却是令人惊讶的。在那里的确有某种顽念、堕落,产生自心理学的考量。我们可能永远不能把堕落完全排除在外。

至于他者的身份,原则上来说,是无关紧要的。若要实施操作,女人应当至少把握男人一星半点,到最后她必然对他知之甚多!但这归根结底只是事件的片段性实现,没多大意思。此外,在狂欢节期间一个很好的局部被打开了,那是更为古怪的东西,因为面具无处不在。就此而言,威尼斯是这场行动的绝妙之地,这是秘密的迷宫,在其中人们感到每个人都在跟踪别人。这是高度文明的城市,却是为秘密所冲击的文化,它自身的轨迹被抹去。这也是这个故事里最美好的事情之一:威尼斯作为一个意义丧失、所有的目的地都被模糊化的城市的特征显露了出来。在迷宫式的曲折迂回里,这座城市转向自身,它足以穿透这些,从而在它所召唤的处境中找到自身,人为地再造出许多生动的东西。

马克·纪尧姆

在这个迷宫里面,你又加入了别的东西,避免相遇的唯一的方式,即小心翼翼地跟随着某人,不让他从眼皮底下消失。否则,人们总会有碰头的危险。这便是最后会发生的事情。

在你的分析里，有一件事情令我担忧。你已然提及这种存留他异性内核的方式。你已然谈及诱惑、卸载和转移的内核。在此有着某种渐进式的逐步滑动。或者说，在转移的苗头中，在放任行动当中，我放弃了对他人的意愿，因为他将得到授权，获得更为本质的他异性的地位。在此，在诱惑这个主题上，我认为在听和说之前，存在着两个领域：奴役、顺从的领域，以及诱惑的领域。顺从的领域或可从黑格尔主义的术语分析。你没有区分这两个领域。

让·鲍德里亚

主人是奴隶的他者，或者奴隶是主人的他者？在阶级的、历史的、力量关系的语境里，诚然他们身处异化状态，此外这种思想自身也是建立在异化体系之上的。但是在一种象征的位阶里，它并不构成我们所熟知的、如同历史那样的价值位阶，这并非真切的。两者处于相互诱惑的、可逆转性的位置。

比如在一个阶层制社会里，社会集团不是贱民的他者，贱民也不是社会集团的他者。在此并没有他异性的心理学位置，他们同时是双方，如同在施尼茨勒的故事中那样，他们在某种不相兼容的进程的延续的秩序里被揭示出来。他们并不协商,因此也并不是能够相互超越、相互违犯的异化关系。这两大"种姓"彼此之间完全是外来人,在这个象征秩序里,在这种阶段的延续性当中,他们完全是相互敌视的。该阶段毋宁说是一种形变的秩序,因为生命扮演着先代生命的角色。这毋宁说是一个形变的循环,而非异化或他异性的现象。这不再是他者的问题。在此意义上,这是一个堂而皇之引诱的问题,因为在此存在某种可逆转性。两者间存在着完全的不相兼容,但归根到底存在着某种可逆转性,因为存在着从一种形式到达另一种形式的进步秩序。

这便如同在神话和形变当中那样。有趣的是,在所有的他者而非我们的秩序当中,能看到不同的他异性并不存在,并且存在着某种包含性,我们在西方的价值体系中重新找到了它,它要求可能性的对立,要求自我与他者泾渭分明的对立。在所有的其他的文化里,比方说我们读到,阿拉拉人即波洛洛人(les araras sont des bororos),在此并不存在身份分离的问题,在此阿拉拉人变成了波洛洛人,他不是他者的他者。这是形变的形式,某种象征秩序的延续性,它重新组合了所有的存在,并且在内部扮演着某种身份混淆而非诱惑的形式。换言之,如同施尼茨勒所指出的那样,这既是一种整体的共生性,也是一种整体的不可兼容性。这以完全不同的方式运转着。

因此，对于主人和奴隶的历史来说，诱惑在那时那地发挥着作用。并不存在更多的意愿。事实上，每个人都向他者委任了自己的命运，这是一种外部的形式，这种外部形式或是其自身的外部形式。据此而成的形式不是一种心理学意义上的他者，而是一种命运，在此意义上是极为不同的命运。

为了回应之前向我提出的问题，我要强调一点，当我说"命定"（fatal）的时候，并非指宗教宿命论的贬义意味。对我来说，命定意味着切实地存在放任相信、放任存在、放任意愿的认知，这种认知会使得我们抵达某种非人的秩序。这完全来自别处。这永远不会来自你自己的欲望、意愿，因为人们不再有占有的奢望，但确实大部分文化都基于这种东西之上。据此，不能再建立起奠基于自我财产、身份、分配的大厦，人们处于放任行动最高尚的处境里，而非处于使其行动或者愿意其行动的处境里。我们的文化当然是使其行动、使其愿意的文化。

在同伊斯兰教的关系当中，这是某种现实的悲剧性补偿。今天几乎是唯一的、存在着某种不可理解性的情境。诚然这是两种完全不同的秩序。对于我们来说，他者是不可接受的，对于他们来说，我们也是不可接受的。这完全不是一个历史进化的问题，不是说他们最后会悄然地走向我们的秩序；在此存在着一些完全不可被化约的东西，不能逾越的障碍。就此来说，西方的政治心理学当然力不能及，因为它什么也不理解。

在放任相信、放任行动、放任意愿当中，存在着某种人造性的形式。这并不简单，至少比起意愿来说更不简单，这是某种矫揉造作。存在着某种人工性的科学，一种附庸风雅的艺术："我什么也不是，我放任行动。"

当人们说"我希望变成一台机器"，这便是极其附庸风雅的形式。这是某种纯粹的矫揉造作。同时，通过这点，人们在放任世界以机器形式存在的过程中，在其中添加些许修饰的基础上，得以触及对象和事物再生产的秘密。这是一台机器，而且是一台微型机器，它却制造了所有剩余部分的人造性。在此，人们总是处于更多一点的处境。我们总是赋予某些事物以超表意性。但我们放任其到来；我们并不试图发明或者改造世界，更不必说诠释或者赋予世界以意义。存在着某种巨大的矫揉造作以承认世界的事实，最后把事物和事件纯粹的新陈代谢还给他者的意愿。

这与群众历史相近。所有的一切都仿佛是群众依赖于某个他物而发生——媒体、政治阶级——并使得这个他物替他们诠释一切。群众不诠释什么，他们没什么脑子，也不再寻求去理解。他们放任他者替其解释全部、意愿全部。这是一种幻想中的矫揉造作。

附庸风雅者别的什么也没做，他没有任何自己的意愿。这总归是个布鲁梅尔（Brummell）的故事："告诉我，我更喜欢哪一个。"这是布鲁梅尔和他的仆人在苏格兰面对湖泊时的故事。布鲁梅尔把脸转向他的仆人并同他说:"我更喜欢哪个湖呢?"归根到底,他对于自己的欲望一无所谓。他并不存在。这便是矫揉造作。

对我们来说,这个过程包含着某种否定性的价值,它显然是完全贬义的。这是某种消极的策略。我不大想将它同东方哲学联系到一起;我们谈论日本,但是从它的现实性来谈论的。否则,我们便去寻找同这些哲学的无尽关联了。从此意义来说,这些哲学全部是放任行动的哲学,以及可逆转性的哲学。

马克·纪尧姆

诱惑和可逆转性之间的断裂同黑格尔著作相比,完全是本质性的。如果你重读科耶夫导读黑格尔讲座开头的几页,你会发现那里从公理上提出了必然性的问题,人类诞生之际便将自己摆在作为他者欲望对象的位置上。在这里完全存在着某种辩证法,其中消极性和可逆性的观念被排除了。你的分析有些表现出另外一种公理化的系统的诞生。所有随之而来的分析接受或者至少部分接受了黑格尔的公理。正因此,诱惑这个观念及其引入的可逆性这个观念,有点像我们曾经改造几何学。

让·鲍德里亚

不错。我们从异化出发，以及完整地说来，从异化的伟大和沉落出发。

一个中途插入提问的人

我把积极性和消极性的问题再往外拓展一些，您是否认为在书本和经验之间存在着整体性的距离？换言之，当索菲·卡勒通过语言意识到跟踪的时候，她超越了这一沉默的经验，在其中存在着感性的、可感可触的秩序的可逆性，所有的事情都发生在身体层面。既然有语言，便存在着对经验的意识，因为这是书写的积极性，它带有某种反思性，这种反思性预设了在世界上安置自身的方式。在此，我们能够理解那些被跟踪之人的反应，他们说：

"你将意识到我所做的一切。"人们在此顿时将自己放置在主体间性的对话者位置。

让·鲍德里亚

的确如此。这是不是一种矛盾、一种悖论？是不是一种强制要求不存在任何残迹的秘密？我先前是同意的。我说过存在着某种契约的断裂，因此他者有理由寻求报复。

书写是否完全战胜了秘密，或者是否也存在着使得书写轻微地移置到非审美形式的可能性？对于我而言，这完全不是一本美学著作，而是一本保持着秘密性、保留着秘密轨迹的书。

我相信你有更深层次的原因，与此同时，是否应当放弃向其投射某种想象的能力，放弃言说它的能力？然而，确实存在某种言说它的方式，某种可能完全是亵渎地、愚蠢地理解它的方式。可能也存在着许多保存这种秘密的形式。我发现在它所实施的原初事物当中，有着某种围绕着秘密而运转的东西，这个东西既不抛弃秘密，也不识破或者泄露秘密。

我假定，在这个故事里并不存在完善性，但她给予他最好的东西，仍然是最接近私密。就其限度而言，在操作当中她所发布的日记构成了跟踪的一部分；而公开发布的行为显然是不同的。

问题在此提出，即谈论的可能性在何处停止；但仍应当在此意义上、在一些行为、一个游戏当中存有某种超越命运、他异性的可能性,当然只要遵守游戏规则。我对此深信不疑,否则她甚至本不应该将之搬上舞台,她也从未跟随任何人。但倘若她没有跟随他,他便也不存在什么秘密。她构成了他者的命运,正是她创造出这种意义上的纯粹状态的他异性,她的确应当这么做。为了让某人成为他者的命运,那个人应当同时以审慎和暴力经历所有的诱惑过程。不应该把暴力抽象化,应当让暴力发挥作用。在此,规则持续作为秘密。我们不能谈论这里的游戏规则,她也没有说,此外她无视了规则,因为她是极为天真的,她不寻求什么。我自己追逐在后,但什么也没有增加。具备某种巨大天真性的她,能够制造出某种奇特的人工物。

他异性的整形手术

随着现代性的发展，人们正在进入"他者"的生产时代。对待他者，不再是杀死、吞噬、引诱、对抗、竞争，爱或恨，而首先是生产。他者不再是激情，而是生产的对象。也许他者在其本质的他异性或不可化约的特异性中变得危险或无法忍受，应该驱除它的诱惑吗？也许随着个人价值的提升与符号价值的摧毁，他异性和二元关系就干脆逐渐消失了吗？事实是：他异性仍旧匮乏，仍旧有必要将他者作为差异生产出来，而非将他异性当作命运。这也关系到世界、身体、性别、社会关系。这是为了逃避命运的世界；逃避命运的身体，逃避命运的性别（逃避另一性），他者的生产都将被发明为差异。因此，性别差异：每种性别都具有其解剖学、心理学特征，自己的欲望以及随之而来的所有不可解决的波折，包括性别和欲望的意识形态，以及在法律和自然两方面都存在性别差异的乌托邦。所有这些在诱惑中都没有意义，诱惑无关欲望，而是欲望的博弈，欲望无关性别平等或彼此间的异化，因为博弈意味着搭档之间的互惠互利(不是差异和异化,而是他异性和共谋)。诱惑无非是歇斯底里,没有一个性别将其性向另一个投射,距离已给定,他异性完好无损——这种最高幻象的条件本身就是欲望游戏。

相反,在浪漫主义和19世纪之交发生的事情是男性歇斯底里的介入,随之而来的是性范式的改变,必须再次将其置于他异性范式转变这一更为普通、普遍的框架内。

在这个歇斯底里的阶段,某种程度上是男人的女性气质投射到女人中,将女人塑造成与其相似的理想形象。不再是于浪漫爱情中征服女人、引诱女人,而是从内部去创造之、发明之,有时像实现了的乌托邦、像理想的女人;有时像蛇蝎美人、像明星,仍是另一个歇斯底里和超自然的隐喻。浪漫爱神的所有工作就是发明了这一和谐、爱之融合,几乎乱伦的孪生生物的理想典范——女人作为对同一个体的投射复活,将其超自然形式仅作为同一个理想——此后便是致力于爱情的人工制品,即致力于存在与性别的理想相似的悲哀——可悲的混乱取代诱惑的双重他异性。所有的色情机制都改变了它们的含义,因为先前从他者的他异性、陌生性中产生的色情吸引力现在转移到了本身(Même)、同类(semblable)和相似(ressemblance)的一面。色情、乱伦?不,本身的实质(hypostase du Même)。斜视他者、投资他者、在他者中迷失的本身——但是他者永远不过是一种我离我越来越近的差异的短暂形式。此外这是为什么,浪漫的爱情及其当前所有副产品中,性欲在接近死亡:这是因为性欲接近乱伦,接近其甚至微不足道的命运(因为它不再是神话和悲剧性的乱伦;我们在处理现代情色时,仅以乱伦的派生形式,即在另一个图像中投影相同的——所有图片的混乱和损坏)。

因此,最终女性化的发明使女性变得多余。差异的发明,仅仅是其复件的迂回结合。从根本上讲,不可能与他异性相遇①(有意思的是了解,在构造一种阳刚和阴茎的神话中,女性是否没有歇斯底里的对立面;女权主义就是这样一个女性体内的男性化歇斯底里的例子,一个其男性化歇斯底里投射的例子,确是男性的女性化在女性神话形象中歇斯底里的投射)。

然而,在这种强制分配差异中仍然存在不对称性。

这就是为什么我以一种自相矛盾的方式说,男人和女人的区别比男人和男人的区别更大。我的意思是,在性别差异的背景下,男人只是与众不同,而在性别差异恶化之前,女人仍然存在一些极端的他异性。

简而言之,从生产他者中推论本身的过程,从歇斯底里地发明他异性,如兄弟或孪生姐妹(如果"孪生"的主题如此

---

① 关于这些问题,请参考克里斯蒂娜·冯·布劳恩(Christina von Braun)的著作《过去的无耻之美》(*Die Schamlose Schönheit des Vergangenen*),新批评出版社(Neue Kritik Verlag),1989年。——法语版注

具有话题性,那是因为它反映了这种性欲克隆的模式)的过程中,导致性别的逐渐同化,不断弱化差异,直至性别反转和视觉未分化,最终使性征功能无用化。在克隆过程中,既然性繁殖不再是必需的,那么无性繁殖的生物将不断被生产出来。

如果真正的女人似乎在这种歇斯底里的女性发明中消失了(但是她还有其他手段来抵抗它),那么在这种性别差异的发明中,男性立刻占据了特权阶层,而所有意识形态和女权主义的斗争都只会重现这种特权或难以解决的分歧,应该看到,所谓的男性欲望在那里也变得有问题,因为它不再只能将自己投射到如其形象一样的他者中,以及只能变得纯粹思辨。所有关于阴茎和男性性特权的废话也待复查。有一种超验正义,使两性在这种性未分化的过程中无可避免地到达未分化顶点,失去了同样多的特异性或他异性。在变性人的时代,与这种性别差异有关的所有冲突在所有真正的性行为、两性真正的他异性消失后永久延续。

这种(成功?)通过男性疯狂投射在女性身上的男性化女性投影片"公开出价收购"(OPA = offre publique d'achat),每个个体(男人或女人)都在自己的身体上将之更新。身体的识别和占有如同自我的投射,不再如同他异性和命运。在相貌、性生活、疾病、死亡中,身份不断变化,您无能为力,这就是命运——但准确来说,这是必须不惜一切代价去避免的，在识别身体、在对身体的个人占有中，您的欲望、您的外表、您的形象上：全方位的整容手术。因为如果身体不再是他异性、双重关系的场所，如果它是身份鉴别的地方，那么迫切需要与它和解，修复和完善它，使其成为理想的对象。在我们已经描述过的投射式鉴别中，每个人都将其与身体一起使用，就像男人与女人一起使用一样：他将其作为一种恋物癖投入，并且将其作为一种恋物癖，试图对自己进行绝望的认同。身体成为自闭症的对象，几乎是乱伦的操纵。而且，正是身体与其模型的相似性，成为色情和"白人"自我诱惑的来源，在这个范围内，它可能排除了"他者"，并且是从其他地方排除所有诱惑的最佳手段。

许多其他事情仍属于这种"他者"生产，一种歇斯底里和投机的生产——比方说，种族主义，它在现代性进程中的发展以及当前的再流行。从逻辑上讲，它应该在进步和启蒙运动的过程中退化。然而，我们越是了解种族的遗传学理论毫无根据，种族主义就越强大。但这涉及"他者"的人为构造，在文化独特性侵蚀（文化彼此的他异性），以及进入差异拜物教体系的基础上。只要存在他异性、陌生性和二元关系（可能是暴力的），确切说来就没有种族主义。关于这一现象，人类学的记载证明一直到约18世纪。一旦失去了这种"自然"的关系，人们便与另一个人造他者建立了指数关系。我们文化中没有能够遏制种族主义的东西，既然我们文化的整个运动都是朝着相同方向发展——他者的疯狂差异化构造,通过他者对本身的永久推断。自闭文化披着伪造的利他主义的形式外衣。

人们正在谈论异化。但最糟糕的异化并非被他者剥夺,而是剥夺他者,是在没有他者的情况下生产他者,因而不断反射自身和自身形象。如果今天我们因形象被指责(因塑造我们的身体、容貌、身份、欲望被批评),是因为这并非真正地异化,而是异化的终结和他者的虚拟消失,这是更大的不幸。实际上,异化的悖论极限是自己把自己当作目标对象,当作关心、渴望、痛苦与交流的对象。这种他者的决定性短路开启了透明时代。整形手术变得普遍。脸部和身体的整形只是更彻底的手术的症状:他者和命运的整形。

什么解决方案?对整个文化的爱欲运动、对这种迷恋、对这种否认他者的眩晕,以完全的陌生性和消极性,对恶的权利丧失以及对围绕本身及其增强形象的和解:乱伦、自闭症、孪生、克隆,都没有解决方案。我们只能记得,诱惑存在于与他者的无法和解,在于对他者陌生性的维护。不应与身体或自身和解。不应与他者、自然、女性(对女人同样有效)和解。陌生吸引力的秘密就在于此。

鲍德里亚

1993年7月9日

图书在版编目(CIP)数据

他异性的形象 /(法)让·鲍德里亚,(法)马克·纪尧姆著;鲍锡静,苏振源译. —南京:南京大学出版社,2022.11
(当代激进思想家译丛 / 张一兵主编)
ISBN 978-7-305-25866-4

Ⅰ. ①他… Ⅱ. ①让… ②马… ③鲍… ④苏… Ⅲ. ①让·鲍德里亚—哲学思想—研究②马克·纪尧姆—哲学思想—研究 Ⅳ. ①B565.6

中国版本图书馆 CIP 数据核字(2022)第 115804 号

Figures de l'altérité
© 1992 by Jean Baudrillard & Marc Guillaume.
Originally published by Editions Descartes & Cie.
Simplified Chinese Edition Copyright © 2022 by NJUP

江苏省版权局著作权合同登记 图字:10-2018-073 号

出版发行	南京大学出版社
社　　址	南京市汉口路 22 号　　邮　编 210093
出 版 人	金鑫荣
丛 书 名	当代激进思想家译丛
书　　名	他异性的形象
著　　者	(法)让·鲍德里亚　(法)马克·纪尧姆
译　　者	鲍锡静　苏振源
责任编辑	刘慧宁
照　　排	南京紫藤制版印务中心
印　　刷	南京爱德印刷有限公司
开　　本	635mm×965mm　1/16　印张 13　字数 124 千
版　　次	2022 年 11 月第 1 版　2022 年 11 月第 1 次印刷
ISBN	978-7-305-25866-4
定　　价	58.00 元
网　　址	http://www.njupco.com
官方微博	http://weibo.com/njupco
官方微信	njupress
销售热线	(025)83594756

* 版权所有,侵权必究
* 凡购买南大版图书,如有印装质量问题,请与所购图书销售部门联系调换